Impressum

Text: Nadine Gottmann, Andrea Herrmann, Barbara Kröner, Katja Wanner
Satz & Lektorat: rap verlag
Grafik: www.gudrunbarthdesign.com
Druck und Weiterverarbeitung: oeding print GmbH, Braunschweig

Climate Partner°
klimaneutral
Druck | ID: 11339-1507-1008

ISBN: 978-3-942733-31-1

1. Auflage 2015

© rap verlag, Freiburg im Breisgau, in der R.A.P. Presse-Verlag-Werbung GmbH
Kontakt: kontakt@rap-verlag.de

Alle Angaben in diesem Stadtführer erfolgen ohne Gewähr und ohne Anspruch auf Vollständigkeit.

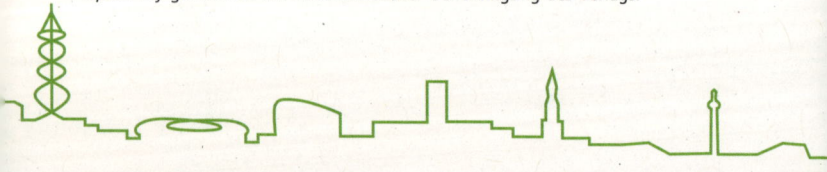

ENDLICH STUTTGART!

Dein Stadtführer

4   Stuttgart ... endlich!

6   Wo wohnst Du?

8 Bedienungsanleitung // 10 Bad Cannstatt // 13 Birkach
14 Botnang // 15 Degerloch // 17 Feuerbach // 19 Hedelfingen // 20 Mitte // 22 Möhringen // 24 Mühlhausen
26 Münster // 27 Nord // 29 Obertürkheim // 30 Ost
32 Plieningen // 34 Sillenbuch // 35 Stammheim // 37 Süd
39 Untertürkheim // 40 Vaihingen // 43 Wangen
44 Weilimdorf // 45 West // 47 Zuffenhausen

48   Von A nach B

50 Zu Fuß // 51 Zwei Räder // 56 Die Öffentlichen
57 Auto // 58 Standseilbahn // 59 Zahnradbahn // 59 Schiff

60   Hunger?

61   Essen zu Hause

63 Bio-Supermärkte & Bioläden // 64 Märkte
65 Gemüsekisten // 65 Backwaren // 70 Besondere
Einkaufstipps // 74 Lieferservice

76   Essen unterwegs

77 Wenn es mal schnell gehen muss // 80 Wenn die
Mittagspause ruft // 82 Internationale & regionale Küche
88 Vegane Restaurants // 89 Einfach lecker und entspannt
89 Studentenkneipen // 90 Für die ganz besonderen
Momente

92   Durst?

94 Kaffee // 98 Bier // 103 Wein // 106 Cocktails &
Longdrinks

108   Es ist Sommer

110 Eis // 112 Baden, Plantschen und Schwimmen
116 Spiel & Spaß // 122 Wandern & Radfahren
125 Sommer, Sonne, Grillduft! // 127 Picknicken
128 Besenwirtschaften

130   Frostige Zeiten

132 Plantschen, Baden und Schwimmen // 137 Sport im
Trockenen // 142 Draußen // 144 Weihnachtsmarkt

146 Feiern
148 Clubs, Plattenteller & Co. // 156 Uni-Partys // 158 Der nächtliche Heißhunger // 159 Der Weg nach Hause

162 Sonntage
164 Notfalleinkauf // 165 Brunchen // 169 Kirche 169 Sonntagsspaziergang // 171 Ausflüge um die Ecke 174 Kaffee und Kuchen // 175 Tatort

176 Besuch? Tourikram ...
178 Touri-Tour, selbstgemacht // 185 Organisierte Touren 187 Mitbringsel

188 Kultur und so
190 Kino // 194 Theater // 200 Kleinkunst und Kabarett 201 Zirkus und Varieté // 202 Museen und Ausstellungen 208 Planetarium // 209 Konzerte // 213 Literatur 215 Veranstaltungskalender

216 Feste & Festivals
218 Hocks & Weinfeste // 220 Besondere lokale Feste 221 Stadtteil- und Straßenfeste // 222 Volksfeste 224 Sommerfeste // 225 Bälle // 226 Sportliche Feste 227 Festivals

234 Mythen
236 Die hässliche Industriestadt // 237 Langweilig, spießig, kleinbürgerlich // 238 Stuttgart = Autostadt // 239 Der unzüchtige Brunnen // 239 Mir gäbet nix! // 240 Schwaben und das Hochdeutsch // 241 Nur in Baden gibt's guten Wein

242 Stuttgart fiktiv
244 Stuttgart zum Lesen // 247 Stuttgart zum Schauen

250 Sprachregeln und nützliche Vokabeln
252 Aussprache // 254 Grammatik // 255 Lob und Höflichkeit // 256 Vokabeln für den Alltag

258 Deine Stuttgart-Notizen

263 Dein Stuttgart-Faltplan

endlich Stuttgart

endlich

endlich

Stuttgart

Stuttgart ... endlich!

Schwabenmetropole, grüne Landeshauptstadt, Automobil-Mekka, 1a-Kessellage, zweitgrößtes Mineralwasservorkommen Europas, Heimat von Maultaschen, Spätzle, Trollinger und deutschem Hip-Hop – und endlich bist auch du hier!

... aber schon gehen die Probleme los: Du liest unzählige Wohnungsanzeigen, weißt aber nicht, in welchem Stadtteil du schön, naturnah, günstig, studentisch oder besonders exklusiv wohnen kannst. Du möchtest am Wochen-

ende mal so richtig im Nachtleben schwelgen, landest aber – du wusstest es nicht besser – beim gemächlichen Tuba-Abend. Du hast vergessen, für den Sonntag einzukaufen und keine Ahnung, wo du jetzt noch was zu essen herbekommst. Das sind nur einige klassische Hürden, die eine neue Stadt so mit sich bringt.

Meist dauert es eine halbe Ewigkeit, bis man sich richtig gut auskennt und bis dahin muss man so einiges über sich ergehen lassen. Aber jetzt ist Schluss damit: Dieses Buch soll dir eben diese Jahre voller Selbstversuche, Entgleisungen und Kompromisse ersparen und dir helfen, dich in deiner Stadt von Anfang an zu Hause zu fühlen. Essen, Trinken, Feiern und Genießen, Freizeit, Kultur, Spaß und einfach Leben – genau darum geht es in

ENDLICH STUTTGART!

Damit du das alles so richtig aus-
kosten kannst, sind unsere Autorin-
nen und Autoren durch die ganze
Stadt gestreift – immer auf der Suche
nach den schönsten Ecken, den
besten Leckerbissen, den ausgefallensten Kuriositäten und dem besonderen Etwas in Stuttgart. Sie haben
viele, viele Kilometer zu Fuß, mit
dem Fahrrad, den Öffentlichen oder

dem Auto zurückgelegt, Klemmbrett und Kamera in der Hand,
haben Notizen gemacht, Fotos geschossen und dabei Regen und
Wind getrotzt. Das alles hat sich aber wirklich gelohnt, denn heute
hältst du tatsächlich dieses Buch in deinen Händen.

Es ist vorläufig fertig, soll sich aber als dein persönlicher Ratgeber
und Begleiter immer wieder verändern und weiterentwickeln. Das
Tolle ist also, du darfst – ja sollst sogar – in diesem Buch herumma-
len, Kommentare an den Rand schreiben, Sachen durchstreichen,
markieren und aktualisieren und ihm
deine persönliche Note verleihen
(Natürlich nur, wenn es dir auch
gehört, nicht, wenn du es gerade in der
Buchhandlung anschaust). Um dir die
Hemmungen zu nehmen, haben wir
selbst schon einmal angefangen zu
kritzeln, malen und markieren ...

Wir wünschen dir viel Spaß!

Dein **raP** verlag

**ENDLICH
STUTTGART!**

auf Facebook:

www.facebook.com/
EndlichStuttgart

Häus

zu Hause

zu Hause

zu Hause

zu Hause

endl

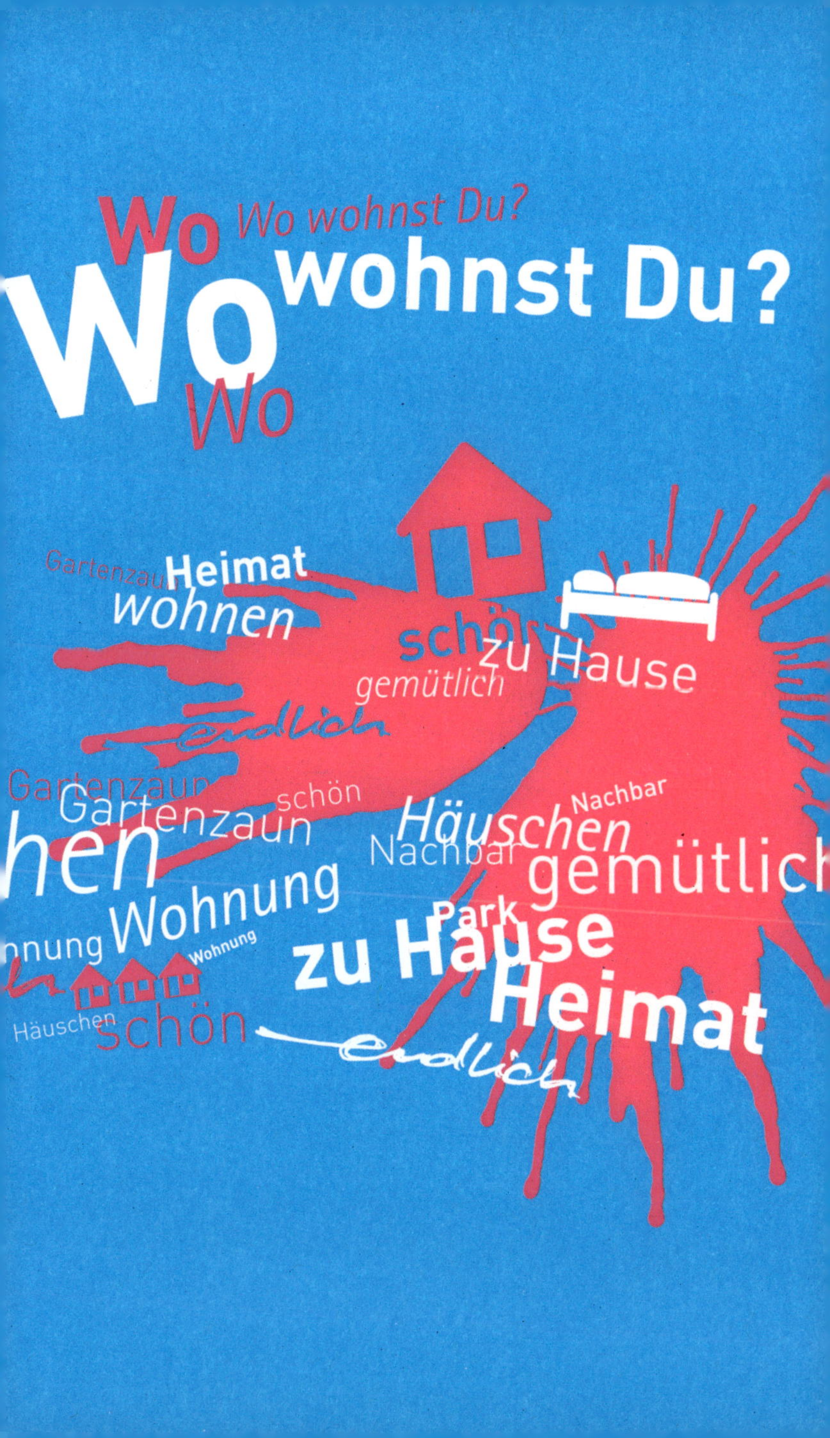

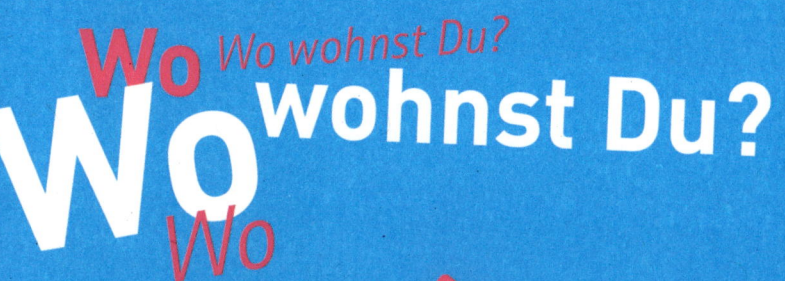

Wo
Wo wohnst Du?
Wo wohnst Du?
Wo
Gartenzaun
Heimat
wohnen
schön
zu Hause
gemütlich
endlich
Gartenzaun
Gartenzaun
schön
Häuschen
Nachbar
hen
Nachbar
gemütlich
Wohnung
Park
nnung
Wohnung
zu Hause
Heimat
Häuschen
schön
endlich

Bedienungsanleitung

Egal, was du bisher über Stuttgart gehört hast, das Leben in der Schwabenmetropole mit ihren rund 600.000 Einwohnern ist alles andere als langweilig oder spießig und hat weit mehr zu bieten als Maultaschen und Spätzle. Dass Stuttgart eine Stadt mit hoher Lebensqualität ist, ergab auch die letzte Urban-Audit-Umfrage im Auftrag der Europäischen Union von 2012. Sie bescheinigt: Die zufriedensten Menschen in Deutschlands Großstädten leben in Stuttgart. Beste Voraussetzungen also, hier von Anfang an eine gute Zeit zu haben.

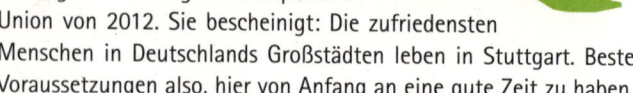

Als Neuling in der Stadt brauchst du aber zuallererst eins: eine passende Bleibe, in der du dich so richtig wohlfühlst. Leider ist die Wohnungssuche in Stuttgart meistens kein allzu großer Spaß. Obwohl die Mieten hoch sind, muss man sich bei der Zimmer- oder Wohnungssuche beeilen, denn die Mitbewerber stehen Schlange. Besonders zum Semesteranfang wird es haarig: Da kommt es öfter vor, dass die Wohnungen oder WG-Zimmer schon ein paar Stunden nach Veröffentlichung der Anzeige weg sind. Darum: schnell anrufen, am selben Tag besichtigen und zügig unterschreiben. Wer zuerst kommt, mahlt eben zuerst.

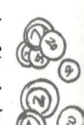

Im Gegenzug bietet Stuttgart aber eine ganze Palette verschiedener Wohnmöglichkeiten für jede Vorliebe: zentral oder ruhig am Wald, hohe Decken oder Souterrain, mittelalterliches Fachwerkhaus oder moderner Neubau, Villa in sonniger Hanglage oder Wohnblock auf dem freien Feld. Damit du ein erstes Gefühl dafür bekommst, welche Wohngegend die richtige für dich sein könnte und wo du in

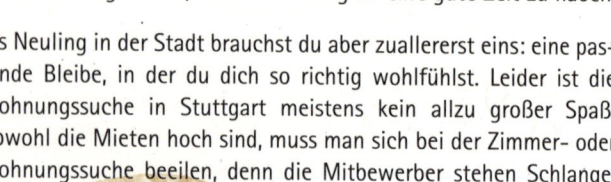

Stuttgart am liebsten deine Zelte aufschlagen möchtest, stellen wir dir hier jeden der 23 Stuttgarter Bezirke kurz vor.

Zu deiner Übersicht haben wir die wichtigsten Eckdaten der Stadtbezirke in unseren praktischen **Infoboxen** zusammengefasst. Dabei handelt es sich natürlich um Durchschnittswerte. Für detailliertere Infos und Unterschiede zwischen den Stadtteilen und Vierteln innerhalb eines Bezirks musst du dann schon den Text lesen.

Miethöhe: Von unschlagbar günstig bis unglaublich teuer gibt es in Stuttgart alles. Hier siehst du schnell, ob dieses Viertel zu deinem Geldbeutel passt.

Hochhausfaktor: Sieht man vor lauter Hochhäusern die Stadt nicht mehr? Oder wohnst du hier im freistehenden Häuschen mit gepflegtem Vorgarten?

Einwohnerdichte: Wie eng lebst du in diesem Stadtbezirk? Musst du zu deinen Nachbarn eine mehrstündige Wanderung unternehmen? Oder kannst du von deinem Balkon aus hundert Leuten gleichzeitig ins Wohnzimmer gucken?

Grünfläche: Grün steht jedem Bezirk. Wie sehr dich dein Bezirk mit Grünflächen, Wald und Wiese verwöhnt oder ob du mit der Lupe nach ihnen suchen musst, verrät dir die Infobox.

Distanz zum Schlossplatz: Der Schlossplatz ist der zentrale Treffpunkt für alle Innenstadtaktivitäten. Hier siehst du also auf einen Blick, wie zentral ein Bezirk wirklich ist.

Kneipendichte: Brauchst du nur vor die Tür zu gehen und kannst schon zwischen drei verschiedenen Theken wählen oder musst du für ein Getränk eine ganz andere Ecke der Stadt ansteuern?

endlich Stuttgart endlich
endlich Stuttgart

Der besondere Platz: Was setzt dem Bezirk die Krone auf? Wo sind sie, die kleinen, speziellen Orte, die einen Bezirk besonders idyllisch, lecker, spektakulär, originell, romantisch oder sonst irgendwie einzigartig machen? Damit dir nicht erst der Zufall zu Hilfe kommen muss, um auf diese außergewöhnlichen Orte zu stoßen, zeigen wir dir in jedem Bezirk einen besonderen Platz, an dem du unbedingt mal gewesen sein solltest.

Datenquellen: Die Datengrundlage zu Grünflächen, Einwohnerdichte und Hochhausfaktor stammen - mit freundlicher Genehmigung - von der Landeshauptstadt Stuttgart (Statistisches Amt): www.stuttgart.de/statistik-stadtbezirke

Bad Cannstatt

Bad Cannstatt liegt direkt am Neckar und hat den Schönwetter-Bonus gepachtet: Wenn es oben in Vaihingen stürmt und schneit und im Stadtzentrum regnet, scheint in Bad Cannstatt die Sonne. Vermutlich wegen des mediterranen Klimas fühlten sich hier bereits die Römer wohl, die auf den Höhen über Bad Cannstatt ihr Quartier errichteten. Die Gebäude dort heißen immer noch „Römerkastell", beherbergen heute aber hübsche Ateliers für Künstler sowie einige nette Restaurants.

Das „Bad" im Namen geht auf Bad Cannstatts mondäne Vergangenheit als Kurort zurück. Heute noch zeugen der Kurpark und sage und schreibe drei Mineralbäder davon. Kein Wunder, schließlich besitzt

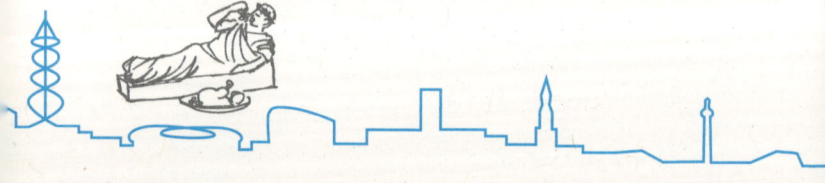

Stuttgart das zweitgrößte Mineralwasservorkommen Europas. Dieses Wässerchen – die einen finden es wohlschmeckend, die anderen abscheulich – soll Hautkrankheiten lindern. Nimm am besten selbst mal einen Schluck, es sprudelt an einigen Plätzen in Bad Cannstatt in hübsche Sandsteinbrunnen.

Die Innenstadt von Bad Cannstatt mutet durch ihre Fachwerkhäuser mittelalterlich-romantisch an und hat eine Fußgängerzone mit Läden, schnuckligen Cafés und Restaurants zu bieten. Besonders schön ist sie natürlich im Sommer, wenn man draußen sitzen und das bunte Treiben beobachten kann. Im Rest des Ortes gibt es Altbauten aus der Zeit der Jahrhundertwende um 1900 mit drei Meter hohen Decken.

Bewohnt wird diese Idylle zum einen Teil von alteingesessenen Bad Cannstattern, die sich kennen wie auf dem Dorf. Dazu gesellen sich Dönerbuden, türkische Friseure, griechische Restaurants und Pizzerien, die von den unterschiedlichsten Migrationshintergründen ihrer Besitzer zeugen und alles etwas lebendiger und (groß-) städtischer wirken lassen.

INFOBOX

Miethöhe:			
Hochhausfaktor:			
Einwohnerdichte:			
Grünfläche:			
Distanz zum Schlossplatz: 5 km			
Kneipendichte:			

Tatsächlich findest du im Stadtbezirk alles, was man zum guten Leben braucht, von Apotheke und Bücherei über Copyshop, Fahrradladen und Schuhgeschäft bis zum Zahnarzt. Das Theater(schiff) sowie das Wilhelmatheater sorgen für die nötige Prise Kultur, die Wilhelma für den Freizeitspaß. Sie ist übrigens kein einfacher Zoo, sondern der einzige zoologisch-botanische Garten in Deutschland und eine architektonische Perle aus dem 19. Jahrhundert obendrein.

endlich Stuttgart endlich
endlich Stuttgart

Der lebhafte Trubel beschränkt sich auf die Cannstatter Innenstadt, während die am Hang liegenden Wohngebiete Ruhe genießen.

Trotzdem sieht man die Polizei in Bad Cannstatt oft im Großaufgebot und auch die scheinbare Überdimensionierung des S-Bahnhofs hat ihren Sinn: Denn der Stuttgarter Festplatz am Neckar („Cannstatter Wasen") und die Mercedes-Benz-Arena, die Heimat das VfB Stuttgart, sorgen dafür, dass regelmäßig leicht Angetrunkene bis Betrunkene in großen Horden vom S-Bahnhof zum Ort des Events und wieder zurück taumeln.

Bad Cannstatt als größter und ältester Bezirk Stuttgarts ist in 18 Stadtviertel aufgeteilt, in die älteren, tieferliegenden Viertel Kurpark, Cannstatt-Mitte, Seelberg, Winterhalde, Wasen, Veielbrunnen, Im Geiger und Neckarvorstadt; Pragstraße, Altenburg, sowie die neueren Nachkriegsviertel auf der Höhe; Muckensturm, Schmidener Vorstadt, Espan, Hallschlag, Birkenäcker, Burgholzhof, Sommerrain und Steinhaldenfeld.

Der besondere Platz

Der **Cannstatter Wasen** (Mercedesstr. 50) direkt am Neckar ist ein internationaler Publikumsmagnet: Ob beim Frühlingsfest (im April) oder Cannstatter Volksfest („Cannstatter Wasen" im September), bei einem Zirkus (z. B. im Dezember) oder einem der vielen Open-Air-Konzerte (fast jede Woche) – hier ist fast immer was los. Zu allen anderen Zeiten lädt der Cannstatter Kurpark zum Sitzen, Flanieren und Gucken ein.

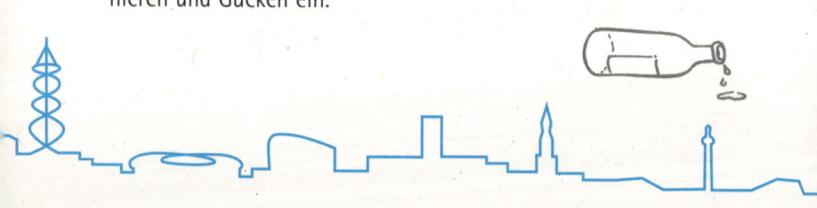

Birkach

Birkach (Birkach-Süd, Birkach-Nord und Schönberg) liegt im Süden Stuttgarts auf der Filderebene, wo öfter mal eisiger Wind von der Schwäbischen Alb vorbeifegt. Ursprünglich ein Straßendorf, in dem sich das Leben hauptsächlich in und um die Alte Dorfstraße abspielte, wurde Birkach südlich um das neuere Viertel Schönberg am sonnigen Hang erweitert. Der überschaubare ursprüngliche Ortskern mit urigen Bauernhäuschen und Gaststätten ist hübsch anzugucken, aber nicht unbedingt etwas für Leute, die am Puls der Stadt leben möchten.

INFOBOX

Miethöhe:			
Hochhausfaktor:			
Einwohnerdichte:			
Grünfläche:			
Distanz zum Schlossplatz: 7 km			
Kneipendichte:			

Stattdessen wohnst du in Birkach ausgesprochen ruhig und entspannt. Vielleicht ergatterst du sogar ganz in der Nähe einen kleinen Schrebergarten, in dem du fortan selbst dein Obst und Gemüse anbaust? Zwingend nötig ist das aber nicht: Es gibt schon ein paar kleinere Einkaufsläden, in denen du dich mit allem Nötigen versorgen kannst.

Der Bezirk ist mit seinen zahlreichen Spielplätzen und der Jugendfarm, auf der Kinder pädagogisch betreut im Freien spielen und Tiere pflegen dürfen, zudem besonders familienfreundlich.

endlich   Stuttgart   endlich

endlich   Stuttgart

Der besondere Platz

Als Rest des alten Ortszentrums ist der Platz „An der Linde" an der Dorfstraße übriggeblieben, wo zwar keine alte Dorflinde mehr steht, aber ihre jüngere Nachfolgerin. Hier findet rund um ein paar Restaurants und Geschäfte das Dorfleben statt.

Botnang

Botnang (mit seinen Stadtteilen Botnang-Nord, -Ost, -Süd und -West) liegt idyllisch in einem Tal im Westen Stuttgarts, umgeben von Wald und Naherholungsgebieten und erscheint dennoch halbwegs „nah dran". Denn mit der U-Bahn bist du in wenigen Minuten in der Stuttgarter Innenstadt. Außerdem hat Botnang selbst ein lebendiges Zentrum mit Geschäften vom Supermarkt bis zur Boutique sowie zahlreichen Restaurants.

Und vielleicht kaufst du ja schon bald deine Weckle in der Bäckerei Klinsmann, wo der gleichnamige Ex-Nationaltrainer im elterlichen Betrieb seine Bäckerlehre absolvierte. Und auch ein wenig Kultur hat Botnang zu bieten: Das kleine Stadtteilkino im Bürgerhaus zeigt montags anspruchsvolle Filme. Der Bezirk kann also mit der seltenen Kombination aus vollständiger Infrastruktur, kurzen Wegen ins

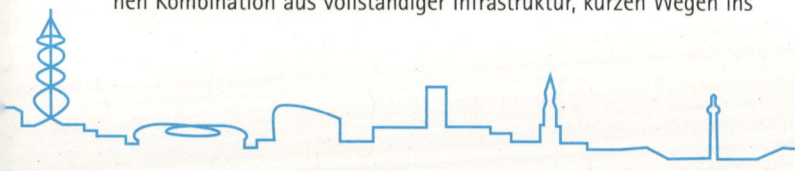

Stuttgarter Zentrum und gleichzeitig viel Natur und Grün punkten. Gewohnt wird hier vor allem in Einfamilienhäusern, es gibt aber auch einige hübsche Altbauten mit hohen Decken.

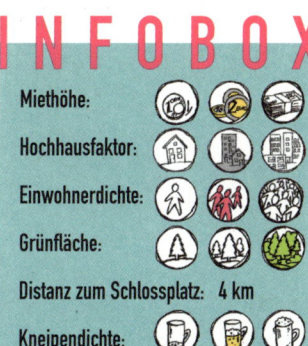

INFOBOX

Miethöhe:			
Hochhausfaktor:			
Einwohnerdichte:			
Grünfläche:			
Distanz zum Schlossplatz: 4 km			
Kneipendichte:			

Der besondere Platz

Zu jeder Jahreszeit lohnt sich ein Spaziergang zum Gasthof **Reiterstüble** (Furtwänglerstr. 190) im Wald, mit zugehörigem Streichelzoo und Reiterhof. www.waldhof-stuttgart.de

--> Reiterstüble

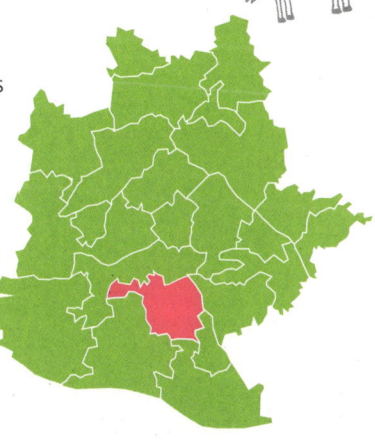

Degerloch

Auf den südlichen Höhenzügen des Stuttgarter Talkessels am Rande der Filderebene liegt Degerloch, das im 19. Jahrhundert sogar zum Höhenluftkurort ernannt wurde. Passend dazu gibt es hier viele Naherholungs- und Kultur-Angebote und das Wohnen gestaltet sich in vielen Fällen etwas exklusiver. So zum Beispiel in den beiden zum Bezirk gehörenden,

endlich **Stuttgart** endlich

endlich

endlich **Stuttgart**

INFOBOX

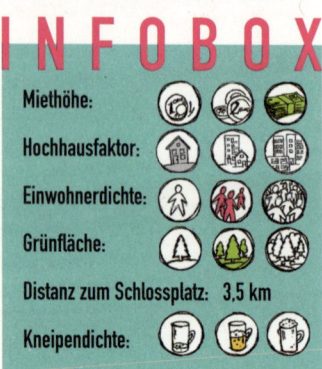

Miethöhe:

Hochhausfaktor:

Einwohnerdichte:

Grünfläche:

Distanz zum Schlossplatz: 3,5 km

Kneipendichte:

größeren Stadtteilen Degerloch und Waldau. Der kleinere Stadtteil Tränke ist ein Gewerbegebiet, Haigst an der Alten Weinsteige eines der teuersten Villenviertel der Stadt und in Hoffeld sind in den Nachkriegsjahren einige Hochhaussiedlungen auf dem freien Feld entstanden. Die Waldau ist übrigens nicht nur für ihre überwiegend teure Wohnlage bekannt, sondern auch ein sehr sportliches Viertel. Denn im Schatten des Fernsehturms betreiben viele Stuttgarter Fußball- und Sportvereine ihre Plätze und Hallen, auch Stuttgarts Eissporthalle, die Eiswelt, findest du hier.

Alle wichtigen Einkäufe kannst du im modernen Geschäftszentrum im nördlichen Degerloch und südlich im alten Zentrum um die Michaelskirche erledigen. An den Bezirk schließen sich im Westen und im Süden grüne Felder, Wiesen und Gärten sowie im Osten Wald an. Außerdem sind in den Hanglagen noch letzte Weinberge übrig und tragen zusätzlich zur Idylle bei. Im Norden gehen die Einfamilienhäuser mit Gärten dann allmählich in die dichtere Bebauung der Innenstadt über. Das steile Stück vom Marienplatz in Stuttgart-Süd hinauf nach Degerloch befördert dich eine hübsch anzuschauende Besonderheit: die Zahnradbahn, liebevoll „Zacke" genannt.

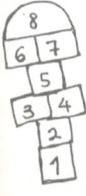

Der besondere Platz

Der 217 Meter hohe **Fernsehturm** auf der Waldau (Jahnstr. 120) prägt Stuttgarts Silhouette und bietet einen wunderbaren Blick über die gesamte Stadt. Oben befinden sich eine Aussichtsplattform und ein Café, und am Fuße des Turms kann man es sich drin im Restaurant oder draußen im Biergarten gemütlich machen. Schöne Spazierwege im umliegenden Wald sorgen anschließend für eine bessere Verdauung. www.fernsehturmstuttgart.com

Feuerbach

Feuerbach hat sich seinen dörflichen Charakter bewahrt: Der gemütliche Stadtkern („Feuerbach Mitte") ist von ruhigen Wohngebieten (Hohe Warte, Lemberg, An der Burg) umgeben, die wiederum an viel, viel Wald angrenzen, z.B. das Lemberger Naturschutzgebiet und das Feuerbacher Tal. Nördlich und östlich des Feuerbacher Bahnhofs liegen große Industrie- und Gewerbegebiete (in den Stadtteilen Bahnhof Feuerbach, Feuerbach-Ost und Siegelberg). Hier hat auch die Robert Bosch GmbH ihr Stammwerk und ist als großer Arbeitgeber ein Grund dafür, dass man aus Feuerbach nicht nur hinauspendelt, sondern auch hinein. Da der Bezirk durch S-, U- und Straßenbahn bestens mit dem Umland vernetzt ist, geht das auch problemlos.

endlich Stuttgart endlich

endlich Stuttgart

INFOBOX

Miethöhe:	⬤	⬤	⬤
Hochhausfaktor:	⬤	⬤	⬤
Einwohnerdichte:	⬤	⬤	⬤
Grünfläche:	⬤	⬤	⬤
Distanz zum Schlossplatz: 4 km			
Kneipendichte:	⬤	⬤	⬤

Doch eigentlich ist Feuerbach ein Ort, den du gar nicht zwingend verlassen musst, denn hier ist es nicht nur nett, es gibt auch alles, was du brauchst: alle Schularten, Geschäfte, Restaurants, Freizeitmöglichkeiten, ein Theaterhaus, den Sportpark und dazu noch jede Menge Wohnraum.

Besonders im Herbst lässt es sich hier gut aushalten, denn dann laden die Weingärtner in ihre Besenwirtschaften zum Selbstgekelterten ein – da kommen nicht nur die Feuerbacher auf ein Glas oder zwei vorbei, sondern auch die Bewohner aus den übrigen Bezirken machen sich auf die Beine.

Der besondere Platz

Für einige ist es das beste Restaurant der Stadt, aus Sicht aller schwäbischen Masttiere sowieso: Bei **Körle und Adam** (Feuerbacher-Tal-Str. 3) kannst du vegan genießen – und das ist keine Floskel! Das heimelige, geschmackvolle Ambiente mit dem romantischen Innenhof, die feine vegane Karte und der freundliche Service machen das Lokal zum potentiellen neuen Lieblingsrestaurant.

www.koerleundadam.de --> s. „Hunger?" S. 88

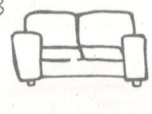

Hedelfingen

Hedelfingen ist ein gemütlicher, grüner Bezirk am östlichen Rand von Stuttgart und damit ein ausgezeichneter Startpunkt für Wanderungen in die umliegenden Felder, Weinberge und den Wald. Die alte Tradition als Weinort und Obstanbaugebiet ist hier noch lebendig. Davon kannst du dich mit deiner eigenen Zungenspitze in diversen Weinstuben in liebevoll restaurierten Fachwerkhäuschen oder bei Weinproben und Weinwanderungen überzeugen.

Zum heutigen Hedelfingen gehören auch das Industriegebiet Hafen, das den größten Teil des Stuttgarter Neckarhafens umfasst, sowie das Dörfchen Rohracker und das am Hang gelegene Wohngebiet Lederberg mit Ausblick aufs Neckartal. Einziger Wehrmutstropfen zu dieser eigentlich wunderbaren Lage ist, dass der Bezirk leider von zwei doppelspurigen Hauptverkehrsachsen durchschnitten wird.

INFOBOX

Miethöhe:

Hochhausfaktor:

Einwohnerdichte:

Grünfläche:

Distanz zum Schlossplatz: 5,5 km

Kneipendichte:

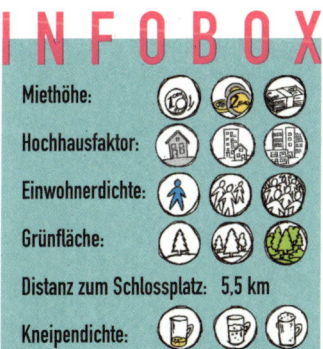

endlich Stuttgart endlich

endlich Stuttgart

Das kulturelle Leben ist vor allem von Weinkultur, freiwilliger Feuerwehr und der evangelischen Kirche geprägt. Der Höhepunkt des Jahres ist der Hedelfinger Herbst mit Weinfest, Kirbe (Kirchweih) und Krämermarkt. Ansonsten findest du in Hedelfingen zwar das Notwendigste, das man zum Leben braucht, abends werden im verschlafenen Bezirk die Gehwege aber weitestgehend hochklappt.

Der besondere Platz

Der Aussichtspunkt **Lenzenberg** (oberhalb Alosenweg) hoch über Hedelfingen bietet einen traumhaften Blick über Weinhänge, das Bußbach- und Neckartal. Hin kommst du am schönsten über den ausgeschilderten Weinwanderweg.

Mitte

Stuttgart-Mitte ist das pulsierende Zentrum der Stadt. Hier liegt der Schlossplatz mit dem Alten und Neuen Schloss. Auf der Königstraße, einer der längsten durchgängigen Fußgängerzonen der Welt, und auf ihren Nebenstraßen lässt es sich herrlich shoppen. Hier findest du außerdem haufenweise Kneipen, Cafés und Restaurants, gleich mehrere Theater, die Innenstadtkinos und die Oper, den Landtag, diverse Ministerien, einen Campus der Universität, die Hochschule für Technik und das Haus der Wirtschaft. Die höchste Kneipendichte Stuttgarts hat die Stadtmitte dank Eberhardstraße, Königstraße (einschließlich ihrer Seitengassen), dem Marktplatz und natürlich dank des Areals rund um die Theodor-Heuss- und Calwer Straße.

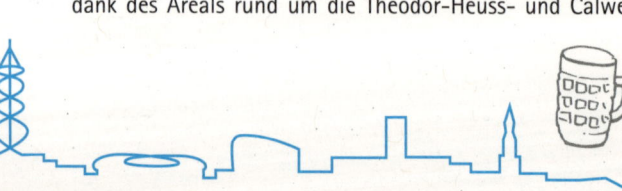

Mehrere Parks und schattige Bäume entlang der Straßen sorgen für grünes Flair trotz der dichten Bebauung. Wohnen kannst du hier natürlich auch, und zwar in den oberen Etagen der Geschäftshäuser. Die übliche Bauweise besteht aus hohen Häuserfronten zur Straße hin mit schattigen, schnuckeligen Hinter- und Innenhöfen.

Die meisten Gebäude stammen aus der Nachkriegszeit, einschließlich der beiden Schlösser, denn insbesondere die Innenstadt wurde durch die Bombenangriffe während des Zweiten Weltkriegs leider in Schutt und Asche gelegt.

 Heute tobt hier aber wieder das städtische Leben, und zwischen den Massen an Vergnügungs- und Shopping-Süchtigen aus dem Umland und den Touris brauchst du gerade samstags in der Innenstadt ein starkes Nervengerüst.

INFOBOX

Miethöhe:

Hochhausfaktor:

Einwohnerdichte:

Grünfläche:

Distanz zum Schlossplatz: 0 km

Kneipendichte:

Mitte umfasst zehn Stadtviertel: Hauptbahnhof, das neue Europaviertel und das ältere Kernerviertel, zu dem auch der Schlossgarten gehört. Oberer Schlossgarten und Diemershalde liegen beim Neuen Schloss. Weiter im Süden folgen dann die Viertel Universität, Neue Vorstadt, Rathaus, Heusteigviertel und Dobel. Hier wohnt man ruhiger, aber sehr teuer.

endlich Stuttgart endlich

endlich Stuttgart

Der besondere Platz

Bei schönem Wetter – egal ob am Tag oder nachts – ist der **Schlossplatz** ein Magnet für jeden, der in der Stadtmitte vorbeikommt. Hier kannst du einfach am besten in der Sonne sitzen, in den diversen Cafés, auf Parkbänken oder einfach auf dem Rasen.

Möhringen

Möhringen liegt ganz im Süden Stuttgarts auf der Filderebene, umgeben von den namensgebenden Feldern. Zum Bezirk Möhringen gehören die fünf völlig unterschiedlichen Stadtteile Möhringen, Fasanenhof und Sonnenberg, Sternhäule und Wallgraben-Ost. Der Stadtteil Möhringen verkörpert mit seinem liebevoll sanierten Ortskern die vollkommene Bauerndorfidylle. Hübsch renovierte Bauernhäuser, saubere Sträßchen und bunte Blumen lassen Heile-Welt-Stimmung aufkommen. Dazu gibt es hübsche, kleine Restaurants und sympathische Geschäfte. Zum Sporteln lockt das bezirkseigene Freibad, das zwischen Möhringen und Fasanenhof liegt.

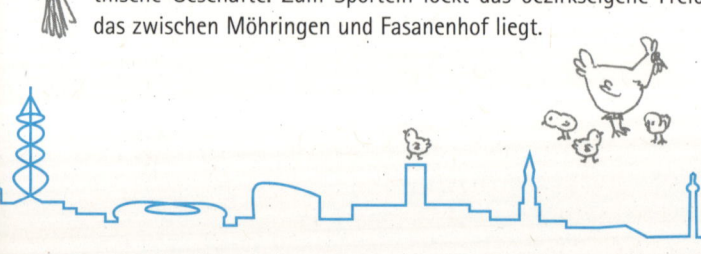

Ursprünglich war der Fasanenhof ein Schloss mit Parkanlage und angeschlossener Landwirtschaft. Nach dem Krieg entstand hier draußen dann jedoch eine riesige Hochhaussiedlung. Das klingt aber schlimmer als es ist. Zwischen den bunten Hochhäusern liegen großzügige Grünflächen, Spielplätze und Parks. Nur an Geschäften und Kneipen mangelt es leider.

Sonnenberg hingegen war früher ein Weinberg. Heute ist es Kulisse für „Schöner Wohnen": In Hanglage stehen hier nicht zu dicht gebaute Villen mit großzügigen Gärten. Die „Einkaufsmeile" Sonnenbergs besteht aus einer Straße mit fünf Lädchen wie einem Bäcker und einem Kiosk (mit Postdienstleistungen). Die Sonnenbergsche Kirche ist sehenswert wegen ihrer betonmäßigen Schlichtheit und der Decke, die an ein Zeltdach erinnert.

Während Wallgraben-Ost Teil eines der größten Industriegebiete Stuttgarts ist, wurde Sternhäule nur von einem Unternehmen beherrscht – und nicht ganz überraschend hat es einen Stern als Logo. Bis 2006 hatte Daimler hier seinen Sitz, danach zog der Vorstand wieder nach Untertürkheim und der riesige Gebäudekomplex wurde verkauft.

INFOBOX

Miethöhe:			
Hochhausfaktor:			
Einwohnerdichte:			
Grünfläche:			
Distanz zum Schlossplatz: 6,5 km			
Kneipendichte:			

endlich **Stuttgart** endlich

endlich **Stuttgart**

Zum Bezirk Möhringen zählt aber auch das SI-Zentrum (Plieninger Str. 100), ein Freizeit- und Erlebniszentrum mit zwei Musicaltheatern und zwei Hotels, der Spielbank Stuttgart, Restaurants, Kinos, Geschäften und den Schwabenquellen, einem großen Sauna- und Wellness-Zentrum, das dir im Winter gemütliche Stunden verspricht.

Der besondere Platz

Zwischen Möhringen und Vaihingen lädt der **Probstsee** (Zugang über Reiherstraße) zum Entspannen ein, ein Baggersee, der heute unter Naturschutz steht. Leider wurde inzwischen am südlichen Seeufer eine nicht zu übersehende moderne und hochpreisige Hochhaussiedlung errichtet. Getrübte Idylle also.

Mühlhausen

Mühlhausen im Nordosten Stuttgarts klebt förmlich an den Hängen rechts und links des Neckartals. Der Bezirk besteht mit seinen ca. 25.000 Einwohnern aus fünf Stadtteilen: Mühlhausen links des Neckars und Hofen rechts gibt's schon seit dem Mittelalter. Mühlhausens historische Gebäude - wie z.B. die Veitskapelle von 1380 (!) mit ihren flächendeckenden Wandmalereien – und verwinkelte steile Sträßchen geben ihm einen ganz besonderen Charme von vorgestern und verlangen dir außerdem eine gute Kondition ab. Das Palmsche Schloss aus dem Jahr 1813 dient heute als Bezirksrathaus. Dahinter verbergen sich die Ruinen der Engelsburg, die du über die Parkwege erreichst.

Die drei Stadtteile Freiberg, Mönchfeld und Neugereut dagegen sind moderne Siedlungen am oberen Rand des Neckartals über den Weinbergen (Freiberg und Neugereut eher mit Hochhäusern, Mönchfeld mit Mehrfamilienhäusern). Den Stadtteilen fehlt es leider weitestgehend an Charme, aber dafür gibt es alles, was man zum täglichen Leben braucht.

INFOBOX

Miethöhe:		
Hochhausfaktor:		
Einwohnerdichte:		
Grünfläche:		
Distanz zum Schlossplatz: 8 km		
Kneipendichte:		

Für eventuell fehlende Action entschädigt dich die reizvolle Umgebung mit ihren Naherholungsmöglichkeiten. Pluspunkt: Die U-Bahn bringt dich schnell in die Innenstadt.

Der besondere Platz

Zu Mühlhausen gehört auch der **Max-Eyth-See** mit seinem beliebten Park, der direkt an die idyllischen Weinberge angrenzt. Auf dem Max-Eyth-See – dem mit Abstand größten See der ganzen Stadt – wird gesegelt und geangelt. Außerdem ist er eine wichtige Heimstätte vieler geschützter Vogelarten. Trotzdem ist auf den Wiesen rund um den See Picknicken, Grillen und Ballspielen erlaubt – der perfekte Ort für ein sonniges Sommerwochenende.

www.max-eyth-see.de

--> Gewässer
--> Max-Eyth-See

endlich   Stuttgart   endlich

endlich   Stuttgart

Münster

Der kleine Bezirk Münster (der nur aus dem Stadtteil Münster besteht) liegt im Nordosten Stuttgarts. In einer Neckarschleife gelegen erstreckt sich Münster vom alten Teil unten am Neckarufer hinauf über die Hanglage mit Einfamilienhäusern bis zum Neubaugebiet hoch über dem Neckartal. Das ehemalige Bauern- und Weindorf kann sogar einen Bahn-

hof sein Eigen nennen. Seit 1896 tuckert die Eisenbahn über ein Viadukt von Münster nach Stuttgart und Kornwestheim. Doch die Industrialisierung hat auch ihre negativen Spuren in Münster hinterlassen: Vor allem durch das Kraftwerk und andere Großbetriebe ist das Stadtteilbild etwas verschandelt. Aber immerhin grenzt Münster an den Killesberg- und Rosensteinpark (und damit auch an die Wilhelma).

Der besondere Platz

Der zu Münster gehörende **Schnarrenberg** bietet als Aussichtsgipfel einen tollen Blick auf den Neckar und ganz Münster. Hier oben befindet sich zudem das Wetteramt Stuttgart, an den südwestlichen Hochlagen die Sportanlagen, und im Westen und Norden eine Grünanlage mit Spiel- und Hundeauslaufplatz.

INFOBOX

Miethöhe:			
Hochhausfaktor:			
Einwohnerdichte:			
Grünfläche:			
Distanz zum Schlossplatz:	6 km		
Kneipendichte:			

Nord

Stuttgart-Nord reicht von der Doggenburg über den Killesberg und den Pragsattel bis hin zum Rosensteinpark und Pragfriedhof (dem größten Friedhof Stuttgarts) und umfasst ganze elf Stadtteile. Während unten am Neckar (in den Vierteln Relenberg und Heilbronner Straße) Gewerbe und Firmen ihren Sitz haben, sind die alten Wohnviertel im Zentrum (Lenzhalde), am Hang (Am Bismarckturm, Mönchhalde, Nordbahnhof) bis hinauf zum Pragsattel (Am Pragfriedhof und Auf der Prag) dicht hebaut mit nicht mehr taufrischer Bausubstanz.

Die eher innerstädtischen, älteren Wohnviertel haben ein gewisses Schmuddel-Image, wohl auch wegen der Nähe zum Nordbahnhof und den doppelspurigen Durchfahrtsstraßen. Durch das neue Europaviertel nebenan wird Stuttgart-Nord aber etwas attraktiver. Und immerhin erstrecken sich einige Weinberge von den Höhen bis in die Innenstadt.

Die höheren Hanglagen des Killesbergs (hier befinden sich die Stadtteile Killesberg und Weißenhof) gehören sogar zu den begehrtesten und teuersten der ganzen Stadt! Dies schließt auch die bekannte Weißenhofsiedlung ein, eine Musterhaussiedlung, die im

Rahmen einer Architektur-Ausstellung im Jahr 1927 entstand. Unter der Leitung von Ludwig Mies van der Rohe zeigten international bekannte Architekten hier, wie sie sich das Wohnen der Zukunft vorstellten.

Der Stadtteil „Am Rosensteinpark" ist tatsächlich noch Zukunftsmusik: Durch das Bauprojekt Stuttgart 21 entsteht hier auf dem Gelände des früheren Rangierbahnhofs ein völlig neues Wohnviertel – der „Rosenstein". Aber das dauert noch ein bisschen ...

Der besondere Platz

Ganz oben gipfelt Stuttgart-Nord im **Killesbergpark** bzw. Höhenpark, der sich über ein riesiges Areal erstreckt, einschließlich ehemaliger Steinbrüche, filigranem Killesbergturm (nur für Schwindelfreie!), Gastronomie, einer Shoppingmeile und Höhenfreibad. Im unteren Teil gehören zum Park auch der Egelsee und die Ökostation der Volkshochschule. Der Killesbergpark ist ideal zum Picknicken und Flanieren. Und falls deine Füße schlapp machen, kannst du auf die parkeigene Liliput-Bahn umsteigen: Ab 2,50 Euro (Studententarif) wirst du in Schwoabapfeil, Springerle und Co. ganz bequem durch das Parkgelände chauffiert.

www.killesbergturm.de

Obertürkheim

Obertürkheim ist der östlichste Bezirk Stuttgarts. Zu ihm gehören das verträumte Weindorf Uhbach, in dem sich das Weinbaumuseum Stuttgart befindet, und natürlich Obertürkheim selbst, ein Wohndorf direkt am Neckar. Obertürkheim lockt mit einer winzigen Fußgängerzone, in der am Samstag um die Mittagszeit allerdings Siesta gehalten wird, die Gehwege hochgeklappt und die Läden geschlossen werden.

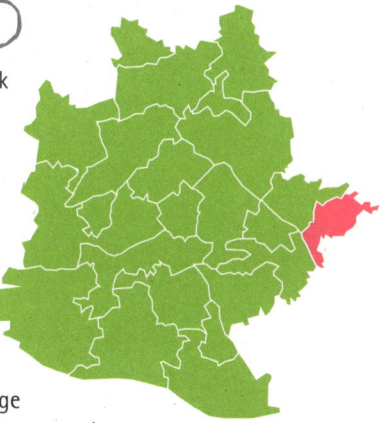

Zu Obertürkheim gehört aber auch ein umfangreiches Industriegebiet am Flussufer, einschließlich Neckarhafen. Hinter dem Ort beginnt dagegen ein großes Naherholungsgebiet mit endlosen Weinbergen und Wanderwegen. Wer's ruhig mag, ist in Obertürkheim also absolut richtig und wer dazu gerne ab und an die Joggingschuhe heiß läuft, der wird sich hier erst recht pudelwohl fühlen. Denn was gibt es Schöneres, als direkt vor der Haustür durch grüne Weinberge zu joggen?

INFOBOX

Miethöhe:			
Hochhausfaktor:			
Einwohnerdichte:			
Grünfläche:			
Distanz zum Schlossplatz:	6 km		
Kneipendichte:			

endlich **Stuttgart** endlich

endlich **Stuttgart**

Der besondere Platz

Der süße **Bahnhof** – wie aus einer Spielzeugeisenbahn gefallen – liegt direkt an der dörflichen Fußgängerzone mit einigen Lokalen.

Ost

Der Bezirk Stuttgart-Ost liegt zwischen dem Bezirk Mitte und dem Neckar und gehört zu den facettenreichsten Bezirken Stuttgarts: Zu Stuttgart-Ost zählen die Stadtteile Berg, Gablenberg, Gaisburg und Ostheim sowie Frauenkopf, Stöckach, Uhlandshöhe und Gänsheide. Für die Wohnungssuche gilt die Faustregel: Die Wohnlagen in Stuttgart-Ost werden von unten nach oben teurer und schicker.

Wir beginnen günstig in der Ebene: Unten am Fluss liegen weitläufige Hafen- und Industrieanlagen. Den 100 Meter hohen Gaskessel des Gaswerkes Gaisburg kann man schon von Weitem sehen. Zu Ost gehört aber auch ein Teil des unteren Schlossgartens.

Die Viertel Berg, Gaisburg und Gablenberg am Neckar entstanden – noch heute sichtbar – aus mittelalterlichen Dörfern. Das heißt, diese Viertel besitzen jeweils ihre eigene vollständige Infrastruktur. In Berg liegen das Mineral-Heilbad Berg und die Villa Berg, ein schlossähnliches, aber leider baufälliges Gebäude in einem weitläufigen Park. Die Villa Berg entstand Mitte des 19. Jahrhunderts im italienischen Renaissance-Stil als Sommersitz des württembergischen Kronprinzen Karl auf einem Aussichtspunkt.

INFOBOX

Miethöhe:

Hochhausfaktor:

Einwohnerdichte:

Grünfläche:

Distanz zum Schlossplatz: 2 km

Kneipendichte:

Der Stadtteil Stöckach liegt im Tal entlang der U-Bahn-Linie und ist ein Multikulti-Viertel mit vielen Kneipen, Geschäften und mehrstöckigen Altbau-Wohnhäusern. Ostheim und Raitelsberg wurden später planmäßig als neue Wohnsiedlungen angelegt. Teurer wohnen lässt sich's an den Hängen von Uhlandshöhe, Gänsheide und Frauenkopf.

Diese Stadtteile sind beliebte Villenviertel mit teils parkähnlichen Gärten und gehen oben in ein bewaldetes Naherholungsgebiet über. Die grüne Stadtteil-Insel Frauenkopf hat ihren Namen übrigens vom gleichnamigen Berg außerhalb Stuttgarts im Wald.

Der besondere Platz

Märchenhaft wird's ganz oben auf der **Uhlandshöhe**, einer schönen Parkanlage. Gleich daneben liegt die **Schwäbische Sternwarte e.V.**

(Zur Uhlandshöhe 41), ein aus groben Steinen erbauter Rapunzelturm. Am Fuße der Sternwarte befindet sich der Sterntalerbrunnen mit Trinkwasser für Mensch und Hund (zum Glück separat). Proschd!
www.sternwarte.de

Plieningen

Plieningen, der südlichste Bezirk Stuttgarts besteht aus fünf Stadtteilen, wovon Plieningen der größte ist. Er ist noch immer dörflich geprägt mit schönen Bauernhöfen und Gärten voller alter Obstbäume. Plieningen besitzt ein hübsches rotes Rathaus, eine alte Kirche und auch an traditionellen Gaststätten mangelt es nicht. Die Gelände von Messe und Flughafen, die eigentlich zu Leinfelden-Echterdingen gehören, liegen teilweise auf Plieninger Gemarkung, sind jedoch vom Ort durch weite, flache Felder getrennt. Es ist eine ziemlich ländliche Gegend mit kleinen Dorfstraßen und weitgehend ohne U-Bahn-Anschluss.

Das Viertel Hohenheim ist nach dem Schloss Hohenheim benannt, in dem unter anderem die Landwirtschaftliche Hochschule residiert. Hier gibt es aber auch historische und wirtschaftswissenschaftliche Institute, mehrere Versuchsanstalten und natürlich eine Mensa.

Eher klein sind die drei Felder ... äh ... Stadtteile Steckfeld, Chausseefeld und Asemwald. Steckfeld nennt sich das Dörfchen direkt neben der Uni Hohenheim. Es hat sogar ein paar kleinere Geschäftchen zu bieten. Das daran angrenzende

Chausseefeld ist ein Neubaugebiet mit überwiegend Einfamilienhäusern. Die Hochhaussiedlung Asemwald entstand etwas abgelegen auf dem flachen Feld. Die Wohnblöcke sind für Stuttgarter Verhältnisse sehr groß und außer einer riesigen Tiefgarage, einem kleinen Einkaufszentrum und einem Bistro gibt es dort nicht viel. Man hat ver-

INFOBOX

Miethöhe:	
Hochhausfaktor:	
Einwohnerdichte:	
Grünfläche:	
Distanz zum Schlossplatz:	10 km
Kneipendichte:	

sucht, mit Wasserspielen und Rosenbüschen das Ganze etwas aufzuhübschen. Ob das gelungen ist, kannst du selbst beurteilen.

Der besondere Platz

Die ehrwürdige Hohenheimer Universität ist umgeben von einem alten **botanischen Park** mit beschrifteten Pflanzen und Kräutern und den **Hohenheimer Gärten**, in denen auch exotischere Pflanzen gedeihen. Dieser Park lädt zum Spazierengehen,

Schnuppern und Entdecken ein. Außerdem ist der traumhafte Biergarten des **Gasthofs Garbe** (Filderhauptstr. 136) in Gehweite, wo man unter alten Kastanien gemütlich im Schatten sitzt und statt exotischer Pflanzen den heimischen Hopfen riechen kann.
https://gaerten.uni-hohenheim.de www.wirtshausgarbe.de

endlich Stuttgart endlich
endlich Stuttgart

Sillenbuch

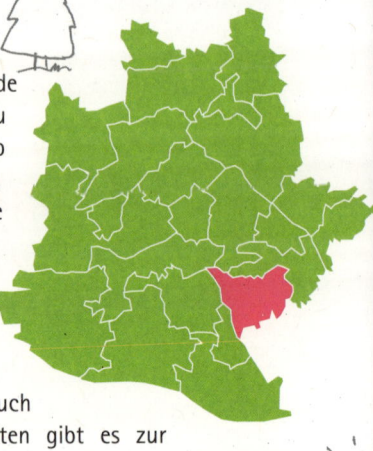

Der Bezirk Sillenbuch liegt am Rande der Filderebene und besteht zu einem Drittel aus Wald. Früher gab es hier vor allem Landwirtschaft, aber inzwischen sind auch neuere Wohnviertel mit kleineren Mehrfamilienhäusern, Spielplätzen und einer großen Seniorenresidenz entstanden. Mehrere U-Bahnen-Linien durchqueren den gleichnamigen Stadtteil, und auch Einkaufs- und Einkehrmöglichkeiten gibt es zur Genüge – vor allem in der langen, zentralen Einkaufsmeile („Sillenbucher Meile") entlang der Hauptstraße. Die lockere Bebauung mit niedrigen Häusern verleiht Sillenbuch insgesamt ein helles und freundliches Gesicht.

INFOBOX		
Miethöhe:		
Hochhausfaktor:		
Einwohnerdichte:		
Grünfläche:		
Distanz zum Schlossplatz: 4 km		
Kneipendichte:		

Heumaden und Riedenberg sind Wohnviertel mit neueren Häusern, aber ohne Geschäfte. In Heumaden gibt es halbhohe Hochhausblöcke, ansonsten dominieren Einfamilienhäuser mit großen Gärten. Im Sommer lockt das **Freibad Sillenbuch** (Trossinger Str. 2A) ganz oben auf dem Berg. Da angekommen, hast du dir die Abkühlung auch redlich verdient!

--> s. „Es ist Sommer!", S. 113

Überhaupt ist Sillenbuch sehr hügelig, so dass man einerseits schön am Hang wohnen kann, andererseits aber auch immer wieder

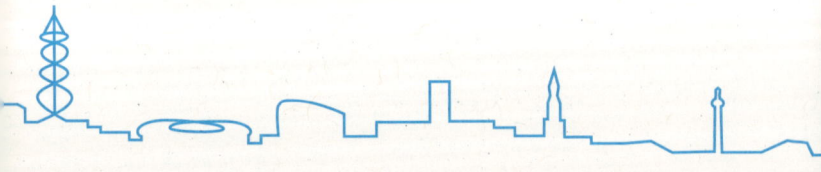

Höhen überwinden muss. In die Wälder und Weinberge hat man es nicht weit und auch Schrebergärten gibt es in Hülle und Fülle. Der Bezirk Sillenbuch ist also eine schöne Kombination aus frischer Luft, vollständiger Infrastruktur und zentraler Lage. Mit der U-Bahn ist man ruckzuck in der Innenstadt, aber mit drei Schritten auch in der freien Natur.

Der besondere Platz

Der **Eichenhain** am Westrand von Riedenberg ist ein Naturschutzgebiet mit uralten Eichen, unasphaltierten Wegen und einer schönen Aussicht. Ideal zum Joggen oder für ein Picknick im Grünen.

Stammheim

Stammheim (bestehend aus den Stadtteilen Stammheim-Mitte und –Süd) ist wohl deutschlandweit bekannt als Standort der Justizvollzugsanstalt, in der einst die RAF-Terroristen einsaßen. Gleichzeitig ist es aber ein ganz normales Wohnviertel, in dem normale Menschen leben, zum Beispiel die Mitarbeiter vieler Firmen in Feuerbach, Zuffenhausen, Kornwestheim und Ludwigsburg. Als nördlichster Bezirk

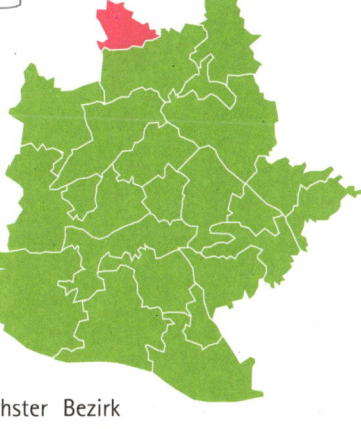

INFOBOX

Miethöhe:			
Hochhausfaktor:			
Einwohnerdichte:			
Grünfläche:			
Distanz zum Schlossplatz:	8 km		
Kneipendichte:			

Stuttgarts liegt Stammheim am Rand des Strohgäus, einer weiten und eher zugigen landwirtschaftlichen Ebene. Der Ort besitzt ein kleines Schloss, das heute als Altersheim dient, ansonsten gibt es hier alte Villen- und moderne Wohnviertel mit Ein- und Mehrfamilienhäusern mit Gärten und ringsherum Schrebergärten, Felder und Sportplätze.

Im Ortskern brummt (leise) das Leben mit einigen Einkaufs- und Einkehrmöglichkeiten. Abseits der Hauptverkehrsstraße, die den Ort durchschneidet, wohnt es sich nahe den Feldern aber sehr ruhig.

Der besondere Platz

Durch die **Justizvollzugsanstalt** kannst du einen virtuellen Spaziergang machen, um dir einen Einblick in den Gefangenenalltag zu verschaffen. Wenn du die Arbeit zur Resozialisierung unterstützen möchtest, schau doch mal im **Online-Shop** des Vollzuglichen Arbeitswesens Baden-Württemberg vorbei und erstehe beispielsweise ein in Stammheim gefertigtes Wildbienenhäuschen.

www.jva-stuttgart.de --> virtueller Rundgang
http://shop.vaw.de

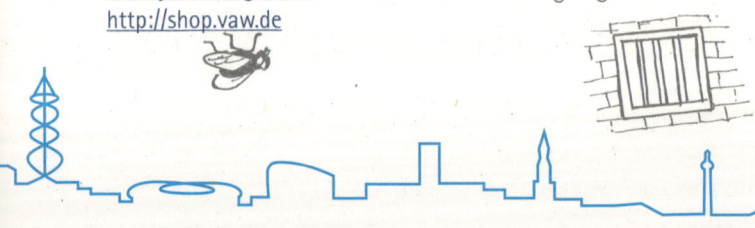

Süd

Zum Bezirk Stuttgart-Süd gehören die sieben Stadtteile Bopser, Lehen, Weinsteige, Karlshöhe, Heslach, Südheim und Kaltental. Obwohl der Bezirk nicht sehr groß ist, spiegelt er doch die gesamte Vielfalt des Stuttgarter Lebens wieder:

Heslach bildet den südlichen Zipfel des zusammenhängenden Innenstadtgebiets und ist überwiegend von mehrstöckigen Altbau-Stadthäusern geprägt. Insbesondere rund um den Erwin-Schoettle-Platz und entlang der U-Bahn-Gleise, aber auch in den Nebenstraßen, gibt es einige Kneipen und Geschäfte, die auf deinen Besuch warten.

Kaltental liegt etwas außerhalb in einem – der Name verrät es – tiefen, dunklen Tal. Es ist ein an den Hang gebautes Dörflein mit älteren Einfamilienhäuschen mit Garten und Gartenmäuerchen. Du kannst sehr idyllisch wohnen, solange du in ein Haus ziehst, das weit genug von der dominierenden, vielbefahrenen Durchgangsstraße entfernt steht.

Südheim bezeichnet den wenig besiedelten Bereich zwischen Heslach und Kaltental. Der Stadtteil besteht im Prinzip aus zwei Reihen

von Häusern rechts und links der U-Bahn. Auf der einen Seite stehen dreigeschossige Backsteinhäuser mit Garten, auf der anderen Seite am Hang kleinere Häuser mit größeren Gärten. Gleich hinter den Häuserreihen beginnt der Wald. Den erreichst du am bequemsten mit dem „Erbschleicher-Express", der nostalgischen Drahtseilbahn aus dem Jahr 1929, die dich, Touristen und Hinterbliebene hinauf zum Waldfriedhof bringt.

Der Stadtteil mit dem hübschen Namen Bopser hingegen wartet mit  schicken Villen des frühen 20. Jahrhunderts auf. Aber nur, wenn du gewissenhaft die schwäbische Regel des eisernen Sparens befolgst, kannst vielleicht auch du in naher oder ferner Zukunft den Ausblick vom Villenhügel über die Stadt genießen.

 Die restlichen drei Stadtteile sind gemächliche Altbau-Wohngebiete mit kleinen Geschäften und Restaurants. Dem erholungsbedürftigen Stuttgarter bieten sie gleich mehrere schöne Parks: die Karlshöhe (ein Berg mitten in der Stadt) und die Silberburganlage rechts und links der Silberburgstaße sowie das Lapidarium mit seinen Steinskulpturen gleich um die Ecke an der Mörikestraße.

Der besondere Platz

Vom **Weißenburgpark** aus genießt man eine hübsche Aussicht auf die Innenstadt und oben auf dem Hügel kann man mondän im **Teehaus** (Hohenheimer Str. 119) essen und trinken – in und um einen kitschig-schönen Jugendstil-Pavillon. www.teehaus-stuttgart.de

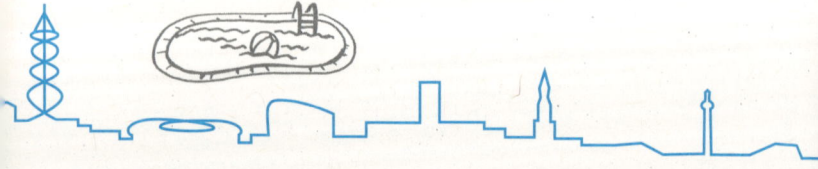

Untertürkheim

Untertürkheim ist eigentlich ein altes Weingärtnerdorf direkt am Neckar, aber seit über hundert Jahren auch Sitz von Daimler. Folgerichtig steht im Benzviertel auch das Mercedes-Benz-Museum. Der Stadtteil Untertürkheim besteht aus einer Fußgängerzone mit einem putzigen Bahnhof und einigen Dönerbuden. Zum Einkaufen gibt's am Ortsrand mehrere Discounter sowie einen Bau- und Getränkemarkt in riesigen Dimensionen.

Falls du im Sommer ins Schwitzen kommst oder deine Jeans zwickt, kannst du im Freibad Untertürkheim deine Runden im kühlen Nass ziehen. Es liegt mitten im Neckar auf einer Insel und erfüllt als Sportbad sogar die internationalen Wettkampfbestimmungen. Du darfst aber auch einfach nur gemütlich am Wasser faulenzen.

INFOBOX

Miethöhe:	
Hochhausfaktor:	
Einwohnerdichte:	
Grünfläche:	
Distanz zum Schlossplatz:	8 km
Kneipendichte:	

Die Stadtteile Lindenschulviertel und Bruckwiesen liegen am Neckar, während sich die neueren Wohnviertel Gehrenwald, Flohberg und Luginsland oben am Hang sonnen. Direkt hinter dem Ort, um das Dorf Rotenberg herum, beginnen dann die Weinberge, in denen man sehr gut wandern kann – wenn man bereit ist, die steilen Wege in Kauf zu nehmen.

endlich Stuttgart endlich
endlich Stuttgart

Diese besondere Mischung aus Industriegebiet, dörflicher Innenstadt und modernen Wohngebieten vor dem Hintergrund der Weinberge macht den Charme des Bezirks aus. Hier mischen sich alteingesessene Bauerngeschlechter mit Gastarbeitern der Automobilindustrie und Pendlern, die täglich in die Innenstadt fahren. Im Herbst treffen sich dann alle in den Besenwirtschaften zum gemeinsamen Weingenuss.

Der besondere Platz

Oben auf dem **Württemberg**, zwischen Untertürkheim und Rotenberg, liegt die **Grabkapelle**, das 1820 erbaute klassizistische Mausoleum von Königin Katharina, der zweiten Frau Wilhelms I. von Württemberg. Die traumhafte Lage dieses Denkmals der Liebe (Achtung, Kitsch!) belohnt den Aufstieg. www.grabkapelle-rotenberg.de

Vaihingen

Vaihingen ist der flächenmäßig größte Bezirk Stuttgarts (bevölkerungsmäßig der zweitgrößte) und liegt im äußeren Südwesten der Stadt auf den Fildern. Der Bezirk besteht aus zwölf Stadtteilen: Büsnau, Dürrlewang, Rohr, Dachswald, Heerstraße, Höhenrand, Lauchäcker, Österfeld, Pfaffenwald, Rosental, Vaihingen-Mitte und

Wallgraben-West. Die meisten sind Wohnviertel aus der Nachkriegszeit. Das Industriegebiet Vaihingen/Möhringen am Wallgraben ist das größte Gewerbegebiet in Stuttgart.

Der Stadtteil Vaihingen zeichnet sich besonders durch den Universitäts-Campus „Pfaffenwald" aus, der direkt am Wald liegt. Hier findet man Stuttgarts wohl schönste Studentenwohnheime, wenn diese auch teilweise schon etwas in die Jahre gekommen sind. Zur Universität gehören zwei riesige Betonhochhäuser und viele, sich ständig vermehrende Hörsaal- und Institutsgebäude. Hier stehen auch die Hochschule der Medien (HdM), die Institute der Fraunhofer Gesellschaft, des Deutschen Zentrums für Luft- und Raumfahrt und das Bildungszentrum der Telekom. Die Institute der Max-Planck-Gesellschaft liegen etwas abseits in Büsnau.

INFOBOX

Miethöhe:			
Hochhausfaktor:			
Einwohnerdichte:			
Grünfläche:			
Distanz zum Schlossplatz:	7 km		
Kneipendichte:			

Das winzige Dorf Büsnau liegt am Waldrand und ist vom Uni-Campus durch ein grünes Wasserschutzgebiet getrennt. Das Dorf entstand nach dem Krieg neu und besitzt nur ein winziges Zentrum mit wenigen Geschäften für den dringenden täglichen Bedarf, z.B. ein Supermärktchen und ein Kiosk mit Postdienstleistungen. Nachts bist du in Büsnau leider fast vollständig von der Außenwelt abgeschnitten. Dafür kannst du dich tagsüber an den verwunschenen Bärenseen tummeln, die direkt nebenan im Bezirk West liegen, und dich im **Bärenschlössle** stärken. www.baerenschloessle-stuttgart.de

Rohr ist der am höchsten gelegene Stadtteil Stuttgarts und ein Neubaugebiet, das seit den 80er Jahren verstärkt bebaut wurde.

endlich Stuttgart endlich

endlich Stuttgart

Einfamilienhäuser mit großen Gärten und alten Bäumen prägen das Viertel und lassen es nach Geld aussehen. Und direkt dahinter beginnen die Wälder.

Vaihingen-Mitte – mit seiner Mini-Fußgängerzone, Rathaus, Brunnen, Kirche und Stadtbücherei – versucht, eine Art mittelalterlichen Dorfkern zu simulieren. Und zum Teil gelingt das auch wirklich gut. Doch leztlich ist der Ort durch die doppelspurigen, sich hier kreuzenden Durchgangsstraßen aber ein bisschen vermurkst. Einen Ruhepol in der Hektik bildet der Stadtpark.

Die vom Zentrum etwas entfernten Stadtteile sind zwar schön ruhig gelegen, müssen allerdings ohne Geschäfte auskommen. Von allen Stadtteilen des Bezirks ist Vaihingen-Mitte der Ort mit der höchsten Kneipendichte: Dort geht man hin, wenn man sich amüsieren will. Direkt an Vaihingens Hauptstraße liegt außerdem das Corso International Kino, das Spielfilme im englischen Original zeigt.

--> s. „Kultur und so", S. 192

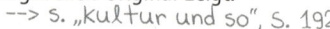

Der besondere Platz

Das neue Einkaufszentrum **Schwabengalerie** liegt in Vaihingens Innenstadt. Hier kannst du shoppen, essen, trinken und du findest auch sonst alle erdenklichen Waren und Dienstleistungen. www.schwabengalerie.com

Wangen

Der kleine Bezirk Wangen (der nicht weiter in Stadtteile aufgeteilt ist) liegt direkt am Neckar. Sein dörflicher Charakter mit kleinen Häuschen, verwinkelten Sträßchen, Kopfsteinpflaster und kleinen Plätzen ist gut erhalten geblieben. Nach hinten hat der Ort wenig Raum zur Ausdehnung, weil die steilen Hänge direkt in den Wald übergehen. Unmittelbar am Fluss hat sich Industrie angesiedelt und die doppelspurige Durchgangsstraße stört etwas das hübsche Bild.

Der besondere Platz

Auf der **Wangener Höhe** hinter dem kleinen Ort kann man zwischen Reben und Wald spazieren gehen und von Biergarten zu Biergarten ziehen, z.B. Onkel Otto (In den Stubenweinbergen 5), Neckarblick (Im Schleifrain 1) oder Friedrichsruh (In den Stubenweinbergen 1).

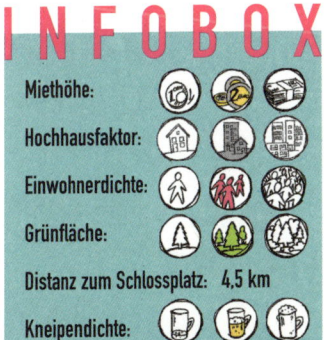

INFOBOX

Miethöhe:		
Hochhausfaktor:		
Einwohnerdichte:		
Grünfläche:		
Distanz zum Schlossplatz:	4,5 km	
Kneipendichte:		

endlich Stuttgart endlich
endlich Stuttgart

Weilimdorf

Das ehemalige Bauern- und Wein-
bauerndorf Weilimdorf liegt ganz
im Nordwesten Stuttgarts und ist
heute Industriestandort. Es wird
durchzogen von der Solitudestraße,
einer ca. 17 km langen Allee, die
seit dem 18. Jahrhundert das
Ludwigsburger Schloss und
das Schloss Solitude schnur-
gerade miteinander verbindet.
Zentrum des Stadtteils Weilimdorf ist
der Löwenmarkt. Durch S-Bahn und Straßenbahn ist
Weilimdorf gut mit Stuttgart und dem Umland vernetzt.

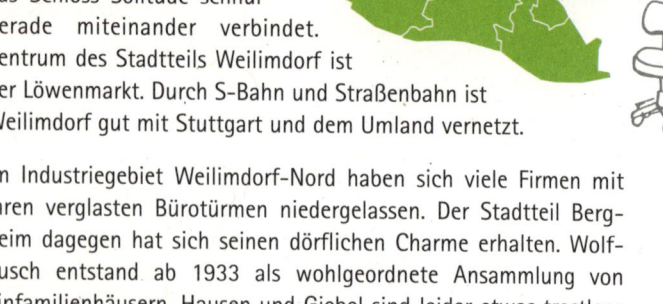

Im Industriegebiet Weilimdorf-Nord haben sich viele Firmen mit
ihren verglasten Bürotürmen niedergelassen. Der Stadtteil Berg-
heim dagegen hat sich seinen dörflichen Charme erhalten. Wolf-
busch entstand ab 1933 als wohlgeordnete Ansammlung von
Einfamilienhäusern. Hausen und Giebel sind leider etwas trostlose
Hochhaussiedlungen.

INFOBOX

Miethöhe:			
Hochhausfaktor:			
Einwohnerdichte:			
Grünfläche:			
Distanz zum Schlossplatz: 6 km			
Kneipendichte:			

Auf Idylle musst du aber im Bezirk auf keinen Fall verzichten: Weil-imdorf liegt an Lindenbach und Lindenbachsee. Oberhalb des Lindenbachs verbirgt sich im Wald zudem die Ruine einer alten Raubritterburg, der „Dischinger Burg". Und nicht zuletzt besteht der Bezirk etwa zur Hälfte aus Feldern und Wald.

Der besondere Platz

Das Feuchtgebiet **Daimlerplatz** war jahrelang Testgelände für geländegängige LKW, ist jedoch inzwischen geschützter Lebens-raum seltener Amphibien. Dort stehen auch noch fünf Mammut-bäume, die vor hundertfünfzig Jahren durch König Wilhelm I. von Württemberg angepflanzt wurden.

West

Der Stuttgarter Westen ist der Bezirk mit den meisten Altbauten, da er kaum bombardiert wurde. Ein wei-terer Grund ist die fehlende Indus-trie. Stattdessen wird hier vor allem gewohnt und gefeiert. In Innen-stadtnähe stehen Mietshäuser mit vier oder fünf Etagen, hohen Decken und quadrati-schen Innenhöfen, während du an den Hängen eher kleinere Mehrfamili-enhäuser mit Gärten findest.

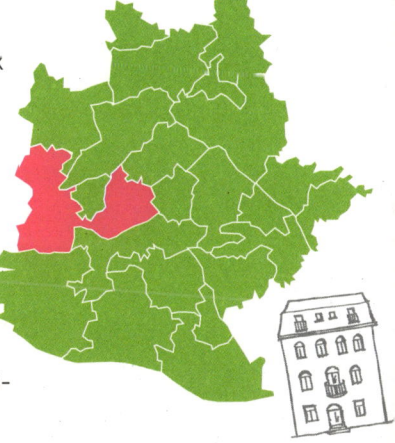

Stuttgart-West (bzw. dessen innerstädtische Stadtteile Feuersee, Rotebühl, Hasenberg, Hölderlinplatz, Rosenberg und Vogelsang) ist von allen Bezirken der am dichtesten besiedelte. Und weil die vielen Menschen alle ihre Bedürfnisse haben, findet man überall kleine Geschäfte, viele Restaurants und Kneipen.

endlich Stuttgart endlich

endlich endlich Stuttgart

Zum Bezirk gehören aber auch die umfangreichen Waldgebiete Kräherwald, Rotwildpark und Solitude (und die gleichnamigen Stadtteile). Letzteres hat seinen Namen von dem edlen Jagdschloss „Solitude" aus dem 18. Jahrhundert, von dem aus man sehr schön die ganze Stadt überblicken kann und an dem sich sonntags die Ausflügler tummeln.

INFOBOX

Miethöhe:			
Hochhausfaktor:			
Einwohnerdichte:			
Grünfläche:			
Distanz zum Schlossplatz:	2 km		
Kneipendichte:			

Zum Stuttgarter Westen zählen auch die im Wald gelegenen Ausflugsziele Birkenkopf und Bärenseen. Der Birkenkopf ist ein Gipfel mit Bushaltestelle und sehr guter Aussicht, dient aber auch als Denkmal an den Krieg und Party-Ort für Jugendliche. Nach dem Weltkrieg wurde hier der Schutt der größtenteils zerstörten Stadt hinauftransportiert und abgeladen. Die prächtigsten Freskentrümmer liegen noch heute sichtbar obenauf.

Der besondere Platz

Schloss Solitude ist ein barockes Lustschlösschen, wie man es sich auch selbst gerne bauen würde. Stadtnah, ruhig, idyllisch und nur ein ganz klein wenig protzig. Der Eintritt in den Schlossgarten ist frei – es spricht also nichts dagegen, sein Wochenende ab und zu mit etwas herrschaftlichem Flair zu versehen und hier auf einer Bank ein gutes Buch zu lesen.
www.schloss-solitude.de

Zuffenhausen

Zuffenhausen besteht aus elf Stadtteilen. Seine Industriegebiete (Neuwirtshaus und Schützenbühl) sind vor allem als Standort des Porsche-Museums bekannt. Die Neuwirtshaussiedlung und die Rotwegsiedlung im Stadtteil Rot wurden als Arbeitersiedlungen in den 30ern erbaut und sind somit reine Wohngebiete. Am Stadtrand wohnen kannst du wunderbar in Elbelen, Frauensteg, Mönchsberg und „im Raiser" (das erst seit 2003 Wohngebiet ist und vorher Kasernengelände war). Zazenhausen im Nordosten liegt etwas außerhalb auf den Feldern.

In den Stadtteilen Mitte und Hohenstein spürt man die große Produktivität im Bezirk: breite Straßen, volle U- und S-Bahnen und viele große und kleine Geschäfte. Dazwischen bilden aber Plätze und Grünflächen immer wieder Oasen der Ruhe. Im Süden hat Zuffenhausen sogar seinen eigenen Stadtpark (Stadtteil „Stadtpark").

INFOBOX

Miethöhe:			
Hochhausfaktor:			
Einwohnerdichte:			
Grünfläche:			
Distanz zum Schlossplatz: 6 km			
Kneipendichte:			

Der besondere Platz

Der **Emil-Schuler-Platz** und der gleich um die Ecke gelegene **Kelterplatz** bilden die belebten Zentren dieser hektischen Vorstadt. Hier kannst du stundenlang sitzen und einfach die Menschen beobachten, die aus den U-Bahnen strömen und ganz mit ihren Erledigungen beschäftigt sind.

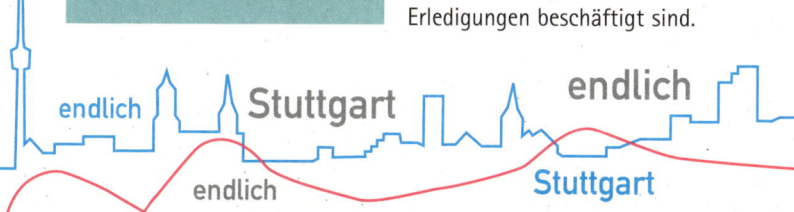

endlich **Stuttgart** **endlich**

endlich **Stuttgart**

R

Stra

Wer kennt das nicht? Am Bildschirm oder auf dem Stadtplan sah alles ganz nah und flach aus. Doch in Wirklichkeit entpuppen sich die Straßen als Labyrinth, unüberwindbare Hindernisse tun sich vor dir auf und deine Füße fühlen sich bereits auf halber Strecke an, als hätten sie einen Marathon hinter sich. Wenn dir das nicht passieren soll und du lieber zügig durch den Großstadtdschungel kommen möchtest, wirf einen Blick in dieses Kapitel.

Zu Fuß

In einer Großstadt wie Stuttgart ist es nicht unbedingt der nächstliegende Gedanke, sich zu Fuß auf den Weg zu machen. Doch wenn die Straßen mal wieder hoffnungslos überlastet sind und es gerade keine direkte U-Bahn-Verbindung gibt, sind es auch hier oft deine Füße, die dich am schnellsten ans Ziel bringen. Mit den Stäffele hält Stuttgart sogar einige Abkürzungen parat, die exklusiv Fußgängern vorbehalten sind – und dir den kostspieligen Besuch im Fitnessstudio sparen ...

--> mehr zu den Stäffele: s. „Besuch? Touríkram ...", S. 186

Die verschiedenen Fakultäten der Uni erreichst du jedenfalls ziemlich gut per pedes. Die meisten von ihnen liegen in den Stadtteilen Mitte, Nord und West - also recht zentral.

Dennoch hat die Autostadt in Sachen Fußgängerfreundlichkeit noch einiges nachzuholen. Seit ein paar Jahren werden Gehwege ausgebaut, Wegweiser verbessert und Fußgängerbrücken errichtet.

Natürlich hängt es auch vom Schuhwerk ab, wie weit dich deine Füße tragen. Sollten die Treter also dringend repariert oder mal wieder aufpoliert werden, kannst du einen dieser Schuster aufsuchen:

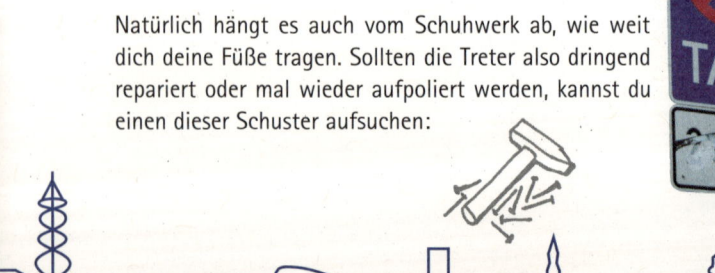

Im Stuttgarter Westen bringt **der gestiefelte gerhardt** (Bismarck-str. 63) deine Schuhe wieder auf Vordermann.
www.schuhmacher-stuttgart.de

Beim Olgaeck findest du **FreshShoes** (Olgastr. 33), die neben der Reparatur auch Maßanfertigungen und Zubehör für deine Treter anbieten. www.freshshoes.de

Die zentralste Filiale von **Mister Minit** (Stephanspassage, im Kauf-hof) befindet sich in Stuttgart Mitte. Hier kannst du deine Schuhe reparieren und pflegen lassen und außerdem auch vorbei kommen, wenn es um Schlüssel oder Gravuren geht. www.misterminit.de
--> Kontakt --> Shop Locator

Im Stadtteil Fasanenhof sitzt die **Schuhmacherei Knödler** (Kurt-Schumacher-Str. 161). Hier repariert der Schuhmachermeister Achim Knödler nicht nur, sondern verkauft auch hochwertig Hand-gefertigtes – und zwar klassische Herrenschuhe aus echtem Leder sowie dazu passende Gürtel. www.schuhe-knoedler.de

Zwei Räder

Im Großen und Ganzen kommt man in der Landeshauptstadt recht gut per Rad von A nach B. Zugegeben, einen ernstzunehmenden Ruf als Fahrradstadt konnte sich Stuttgart bisher nicht erarbeiten, was nicht zuletzt an seiner Kes-sel-Topografie liegt: Sogar im Stadtgebiet gibt's an eini-gen Stellen Steigungen von bis zu 20 Prozent, die dann doch ein wenig mehr Fitness und Kondition abverlangen. Und mancherorts sind auch sichere Radwege noch Fehl-anzeige.

endlich endlich Stuttgart endlich Stuttgart

Doch das Radnetz in und außerhalb der Stadt wird ständig erweitert und ausgebaut. Zunehmend ist also das Rad die optimale Lösung, um dem stockenden und hektischen motorisierten Verkehr zu entkommen – nur die Beschilderung fehlt an vielen Stellen noch, so dass den Radlern gute Ortskenntnisse abverlangt werden.

Hier ist dir der Online-Radroutenplaner auf der VVS-Website behilflich. Du kannst dir die Route vorab im Netz ansehen und dir Infos zur Strecke holen. Außerdem empfiehlt der Planer beliebte Radrouten in und um Stuttgart. www.vvs.de/radroutenplaner

Um Abstellmöglichkeiten in der Innenstadt musst du dir keine Sorgen machen. Davon sind mittlerweile ausreichend vorhanden. Allerdings sind Fahrraddiebstähle keine Seltenheit und nehmen seit einigen Jahren sogar stetig zu. Also: gutes Schloss kaufen und den Drahtesel immer anschließen!

Wenn dir der Weg zu steil wird oder dich ein Regenschauer überrascht, kannst du dein Rad kostenlos in allen S-Bahnen, Nahverkehrszügen und Stadtbahnen mitnehmen. Nur für die Stoßzeiten gelten Ausnahmen: In den S-Bahnen und Nahverkehrszügen musst du werktags zwischen 6.00 und 8.30 Uhr ein Kinderticket für deinen drahtigen Gefährten lösen, in der Stadtbahn ist die Mitnahme montags bis freitags von 6.00-8.30 Uhr und 16.00-18.30 Uhr vollständig untersagt.

Tipp für notorische Bergab-Radler: In der „Zacketse", der Stuttgarter Zahnradbahn, ist die Fahrradmitnahme immer kostenlos! --> s. „Zahnradbahn", S. 59

Verleih

Bei **Call a Bike** (Ruppmannstr. 3) stellt die Deutsche Bahn im gesamten Stadtgebiet an über 40 Standorten eine beachtliche Flotte von „CallBikes" zur Verfügung. Und für die bergigen Strecken stehen auch genügend E-Bikes bereit. Nachdem du dich einmalig kostenlos registriert hast, suchst du dir ein Rad aus, mietest es per App oder Anruf und radelst los. Alle Infos zu Standorten und Preisen findest du auf: www.callabike.de --> So funktioniert's --> Stuttgart

rent a bike (Königsplatz 1) ist der Fahrradverleih für ein- oder mehrtägige Touren. Neben den Rädern bietet das Unternehmen geführte Radtouren für Gruppen an. www.rentabike-stuttgart.de

Reparatur und Kauf

Bad Cannstatt

Die freundlichen Herren der **Tretkurbel** (Beuthener Str. 1) päppeln dein müdes Rad wieder auf, versorgen es mit Ersatzteilen oder dich mit einem neuen Markenrad. www.die-tretkurbel.de

Degerloch

In Degerloch verkauft, repariert und inspiziert die **bike bar** (Gomaringer Str. 23) alles, was zwei Räder hat. Falls sich dein Rad gar nicht mehr bewegt, gibt's einen Hol-Bring-Service.
www.bike-bar.de

Stuttgart-Süd

Bei **Bikes 'n' Boards** (Tübinger Str. 53) ist dein Fahrrad in den Händen von Profis. Und wenn es ein neues Rad sein soll, kannst du dich natürlich auch eloquent beraten lassen.
www.bikesnboards.de

In der **Radtheke** (Römerstr. 3) wird dein Rad je nach Zustand gejustcycelt (Rundumreparatur), ge-upcycelt (mit Ersatzteilen aufgewertet) oder recycelt (artgerecht entsorgt). Hier darfst du gern zuschauen und mit den Leuten über die Wehwehchen deines Gefährts quatschen. www.radtheke.de

Stuttgart-West

Stadtrad (Gutenbergstr. 45a) repariert deine Tretmühle (nach vorheriger Terminabsprache) und hat auch ein kleines Sortiment verschiedenster Fahrradvarianten. www.stadtrad-west.de

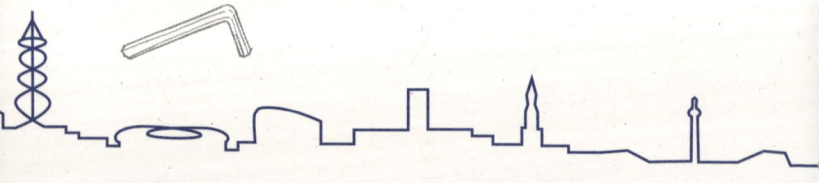

Zuffenhausen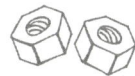

Bei **Doll-Bikes** (Besigheimer Str. 26) kannst du Rennräder, Klapprä-
der und Mountainbikes probefahren. Und repariert
wird natürlich auch alles, was zwei Räder hat.
www.doll-bikes.de

Fair fürs Fahrrad

Die Fahrrad-Service-Stationen der **NEUE
ARBEIT gGmbH** sind wahre Allround-
Talente: Bewachtes Parken, Verleih und
Service gehören hier zum Angebot. Das
Tolle: Hier werden Langzeitarbeitslose
und benachteiligte Menschen als Fahr-
radmechaniker beschäftigt, so dass diese
wieder eine berufliche Perspektive haben.
Die Stationen findest du in **Möhringen**
(Filderbahnstr. 59), **Vaihingen** (Am Bahn-
hof 1), **Feuerbach** (Wiener Platz 1) und in
Bad Cannstatt (Kegelenstr. 17).

Reifen platt und alle
Läden zu? **Schlauchauto-
maten** gibt's hier:

- Zuffenhausen: **Alfred
Skina** (Haldenreinstr. 182)

- Wangen: **Zweirad Häcker**
(Ulmer Str. 274)

- Bad Cannstatt:
Zweirad Häcker
(Schmidener Str. 168)

- Möhringen: **Zweirad Walz**
(Steinbrunnenstr. 30-32)

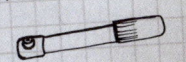

www.neuearbeit.de
 --> Angebote für Kunden
   --> Konsum und Service
     --> Fahrrad-Service-Stationen

Selber schrauben

Wenn du lieber selbst Hand anlegen willst, bei der Reparatur aber
ein bisschen Hilfe von Profis benötigst, kannst du dir diese in der
Selbsthilfewerkstatt des ADFC (Rotebühlstr. 86) holen. Hier darfst
du jeden Donnerstag von 17.30 bis 20.00 Uhr (im Winter vierzehn-
tägig) unter fachkundiger Anleitung schrauben, ölen und flicken.
Werkzeug ist vorhanden und die Kosten sind sehr niedrig.

www.adfc-bw.de/stuttgart --> Vor Ort in Stuttgart
                  --> Selbsthilfewerkstatt

endlich **Stuttgart** endlich

endlich **Stuttgart**

Die Öffentlichen

Der Stuttgarter nutzt gern die öffentlichen Verkehrsmittel S-Bahn, U-Bahn und Bus. Ob zur Arbeit, zur Uni, in die Innenstadt oder zum Club – durch das gut ausgebaute Netz gelangst du problemlos an jeden Ort in und um Stuttgart.

Die Bahnen und Busse des **Verkehrs- und Tarifverbunds Stuttgart (VVS)** und der **Stuttgarter Straßenbahnen AG (SSB)** sorgen vom frühen Morgen bis in den späten Abend für schnelle Verbindungen und binden alle Stadtteile sowie die umliegenden Regionen an das sogenannte VVS-Netz an. Netzpläne hängen an jeder Haltestelle und in allen Bahnen und Bussen. Infos zu den Routen, Fahrtzeiten und Tarifen gibt es auf: www.vvs.de

Bei besonderen Fragen, Wünschen und Problemen helfen dir die Mitarbeiter der **SSB-Kundenzentren** weiter. Die gibt es beispielsweise an den Haltestellen Charlottenplatz, Rotebühlpassage und Klettpassage.

Du kannst dich übrigens beruhigt ins **Nachtleben** stürzen und musst dir keine Sorgen machen, nicht mehr nach Hause zu kommen. S-Bahnen fahren am Wochenende rund um die Uhr und Regionen, die nicht ans S-Bahn-Netz angebunden sind, werden von Nachtbussen und Nachttaxis bedient.

--> Mehr dazu im Kapitel „Feiern", S. 159

Kurzstreckentickets kosten 1,20 Euro pro Fahrt. Bei den Monatstickets variieren die Preise je nach Anzahl der benötigten Zonen. Ein Studiticket gilt sechs Monate im gesamten Netz und kostet dich 199 Euro. Das gesamte Fahrkartenangebot findest du auf: www.vvs.de

--> Tickets

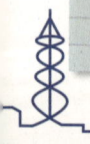

Du bekommst Besuch? Vielleicht wäre da die **StuttCard** was. Man kann sie beispielsweise für einen Tag buchen. Wenn dein Besuch nicht nur die öffentlichen Verkehrsmittel nutzen, sondern mit dir auch kulturell was erleben möchte, bietet sich das besonders an. Die StuttCard gibts ab 25 Euro und mit ihr kommst du auch gratis in alle Museen und mehrere Freizeiteinrichtungen! www.vvs.de

--> Tickets --> Sondertickets --> 3-Tage-Ticket --> StuttCard

Für dein Smartphone gibt es die App **VVS Mobil**, mit der du jederzeit Verbindungen suchen kannst und die dir auch ganz genau sagt, welche Bahn ausfällt oder wo es gerade stockt. Über die App hast du außerdem die Möglichkeit, unterwegs Handytickets zu kaufen.

Mit dem Auto

Wenn du keine Lust auf stockenden Verkehr, Staus oder ein lautes Hupkonzert hast, ist es besser, das Auto zu Hause stehen zu lassen. Dies sind nämlich die drei Dinge, die auf Stuttgarts Straßen gang und gäbe sind. Will man zur Rushhour durch Stuttgart, muss man viel Zeit einplanen und wirklich jeden Tag aufs Neue mit Staus und Behinderungen rechnen – es gibt einfach sehr, sehr viele Autofahrer!

Dies hat zur Folge, dass die Feinstaubbelastung hoch und die Luftqualität dementsprechend schlecht ist. Die Stadt hat darauf reagiert und das gesamte Stadtgebiet zur Umweltzone erklärt, die nur mit grüner Plakette befahren werden darf.

Am besten fährst du gar nicht erst ins Zentrum, sondern lässt das Auto auf einem der P+R-Plätze stehen. Die Webseite des VVS gibt dir einen genauen Überblick, wo gerade wie viele Plätze frei sind. Dort kannst du dich auch über die aktuelle Verkehrslage informieren und über weitere Parkplätze und Tiefgaragen in der Stadt. www.vvs.de --> Rundum mobil --> Parken

Carsharing

Und dennoch, manchmal ist es allem Lärm und Stau zum Trotz einfach praktisch, ein Auto zu haben. Sei es für den monatlichen Großeinkauf, zum Umziehen oder für einen Besuch im Möbelhaus. „Carsharing" heißt hier das Zauberwort: Du hast keine laufenden Kosten, keine Parkplatzsorgen und kannst dir dein Wunschauto für jeden Zweck aussuchen. In Stuttgart gibt es die Anbieter **Stadtmobil** und **Flinkster**. www.stuttgart.stadtmobil.de www.flinkster.de

Eine Stuttgarter Besonderheit ist die Riesenflotte elektrischer Leihautos von **car2go**. 500 Elektro-Smarts fahren durch die Landeshauptstadt und das Angebot wächst. www.car2go.de --> Stuttgart

Standseilbahn

Im Gegensatz zu vielen anderen Seilbahnen wurde die Stuttgarter Standseilbahn nicht als Touri-Attraktion gebaut, sondern als Teil des ÖPNV-Netzes, was die Fahrt aber nicht weniger hübsch macht. Deshalb kann sie auch zum regulären SSB-Tarif benutzt werden. Mit den U-Bahn-Linien U1 und U14 gelangst du zum Südheimer Platz im Stadtteil Heslach, von wo aus die Seilbahn ohne Zwischenhalt direkt nach Degerloch zum Waldfriedhof fährt. Dieser hat der Bahn übrigens den Spitznamen „Erbschleicherexpress" eingebracht. www.ssb-ag.de --> Die SSB --> Informationen und Fakten
--> Fahrzeuge
--> Seilbahn

Zahnradbahn

Und noch ein zweites besonderes Verkehrsmittel hat Stuttgart zu bieten: Die sogenannte „Zacke" – oder auf gut schwäbisch „Zacket-

se" – ist deutschlandweit die einzige Zahnradbahn, die in einer Großstadt im ganz normalen Linienbetrieb fährt. Auf ihrem Weg vom Marienplatz auf die Filderebene nach Degerloch überwindet die Bahn einen Höhenunterschied von über 200 Metern. Sie fährt täglich bis 20.45 Uhr und sogar die Fahrradmitnahme ist kostenlos. www.ssb-ag.de --> Die SBB --> Informationen und Fakten --> Fahrzeuge --> Zahnradbahn

Schiff

Am Meer liegt Stuttgart leider nicht, aber du kannst mit dem Schiff zumindest gemütlich den Neckar rauf und runter schippern. Neben

klassischen Linien- und Rundfahrten bietet dir der **Neckar-Käpt'n** je nach Jahreszeit auch spezielle Erlebnisfahrten auf (mittel-)hoher See an – von der urigen Floßfahrt mit Grill an Bord über die feuchtfröhliche Weinprobe bis zur Disco-Pasta-Night. www.neckar-kaeptn.de

endlich **Stuttgart** endlich

endlich **Stuttgart**

endlich
Ess
lecker
lecker
lecker
mampf
Fast F
Restaurant
Restaura

Hunger?

Hunger?

Hunger?

Hunger

Hunger

Hunger

Essen

fressen

Essen

Essen

Essen

mampf

kochen

Hunger

Kochen

mainp

Essen

Fast Food

Fast Food

Fast Food

Fast Food

mampf

endlich

„Was der Bauer nicht kennt, frisst er nicht!" – Getreu diesem Sprichwort stellt sich manch einer lieber selbst an den Herd. Da weiß man eben, was man hat. Und ganz nebenbei macht Kochen auch noch Spaß! Ob allein oder zusammen mit Freunden, ob mit Omas gutem alten Kochbuch, frei Schnauze oder mit Hilfe von TV-Kochshows – irgendwie wird's schon klappen. Also, Schürze umgebunden und ab an den Herd!

Deine Euphorie unterstützen wir gerne mit den notwendigen Infos rund ums Kochen in Stuttgart: Alltägliche Lebensmittel findest du in zahlreichen Supermärkten und Discountern überall in Stuttgart. Soll es jedoch auch mal etwas Ausgefalleneres oder Bio sein, haben wir für dich die passenden Läden ausfindig gemacht.

Bio-Supermärkte & Bioläden

Die Zeiten, in denen Bio-Märkte noch eine Nische waren, sind auch in Stuttgart längst vorbei:

Der Branchenprimus **Alnatura** ist in Stuttgart mit gleich drei Filialen vertreten. Eine davon befindet sich im Zentrum (Tübinger Str. 31-33), die zweite in Degerloch (Epplerstr. 12) und zu guter Letzt gibt es noch eine an der Killesberghöhe (Am Höhenpark 4). In allen drei Filialen findest du von Naturkosmetik über frisches Obst und Gemüse bis hin zu Tiefkühlware alles, was dein Öko-Herz begehrt. www.alnatura.de --> Alnatura Märkte --> Filialfinder: Stuttgart

Bei **Basic** (Breitscheidstr. 6) gibt's neben Grundnahrungsmitteln sowie Obst und Gemüse auch eine sehr große Auswahl an Wein und Käse. Highlight ist das Basic-Bistro, das Snacks und frisch gepresste Säfte anbietet. Nicht nur das Angebot im Basic ist breit, auch die Preisspanne: Von ganz günstig bis ziemlich teuer ist alles dabei. www.basicbio.de --> Märkte --> Stuttgart

endlich Stuttgart endlich endlich Stuttgart

Einen Bioladen für echte Ökos findest du im Stuttgarter Osten am Stöckach (Neckarstr. 152a) und in Stuttgart-Möhringen (Widmaierstr. 110): **Erdi Biomarkt** ist ein kultiges Original aus den Anfängen der Naturkostbewegung. Frisches Obst und Gemüse warten auf dich, dazu gibt's Erzeugnisse aus Bio-Milch, leckere Weine und auch Naturkosmetik. Das Besondere: Ein sehr breites Angebot an veganen Lebensmitteln. www.erdi.de

Im Westen sorgt auch der **Marktladen im Markt am Vogelsang** (Rückertstr. 7) für Bioprodukte. Hier dreht sich alles um Regionalität – die meisten Produkte stammen von Erzeugern aus der näheren Umgebung von Stuttgart.
www.markt-am-vogelsang.de

Märkte

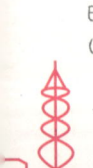

Wenn du dich zwischendurch auch gerne mal ins Getümmel stürzt und kein Problem mit regem Treiben hast, lohnt sich auf jeden Fall ein Besuch auf dem Wochenmarkt. In Stuttgart und seinen Stadtteilen gibt es davon insgesamt 30, die auf die Tage von Dienstag bis Samstag verteilt sind. So hast du fast täglich die Möglichkeit, frische Lebensmittel, Blumen und Co. auf einem der Märkte und zum Großteil direkt aus dem Ländle zu kaufen.
www.stuttgarter-wochenmaerkte.de

Eine Übersicht über alle Stuttgarter Wochenmärkte (nach Bezirken) findest du auf den Seiten 66-69.

Gemüsekisten

Deine wöchentliche Vitaminration kannst du dir aber auch ganz bequem nach Hause liefern lassen, dank der Gemüsekisten! Eine Vielzahl regionaler Anbieter beliefert auch Stuttgart. Wir empfehlen besonders die folgenden zwei, hier kannst du natürlich alle Abo-Kisten bequem über die jeweiligen Homepages bestellen.

Der **Biohof Braun** in Vaihingen beispielsweise bietet neben seiner Gemüsekiste auch Käse- und Obstkisten an. Und in Sachen Gemüse kannst du hier kreativ variieren: Du hast die Wahl zwischen der Gemüse-, Rohkost-, Koch-, Schonkost- und Babykost-Kiste. Was reinkommt, bestimmst du selbst und die Preisspanne reicht von 8 bis 25 Euro. www.biohof-braun.de

Gemüse in Demeter-Qualität liefert dir die **Gärtnerei Willmann**. Die Mini-Kiste gibt's für 8,50 Euro, die Vielesser-Kiste für 24,50 Euro, dazwischen gibt's vier Größen zur passgenauen Anpassung an deinen Bedarf. Außerdem im Angebot: Bio-Obst-Kisten und zusätzliche Produkte wie Brot, Eier und Joghurt. www.willmann-aboteam.de

Backwaren

Bäckereien gibt es in Stuttgart wie Sand am Meer. Wenn du aber mal keine Lust auf pappige Aufback-Rohlinge hast, sondern zu einem Bäcker willst, der sein Handwerk noch versteht, dann seien dir diese Adressen ans Herz gelegt:

Die Traditionsbäckerei **Hafendörfer** (Heusteigstr. 35) backt ihre Brote und Brezeln noch immer nach alter Rezeptur im Holzbackofen – und das schmeckt man. Wenn du in einer der fünf Filialen an der Theke stehst, solltest du neben den traditionellen Backwaren auch unbedingt mal die Kuchen und Torten probieren. Weitere Filialen

Wochen

**Bad Cannstatt
Marktplatz**
Di & Do 7.00–12.30 Uhr
Sa 7.00–13.00 Uhr

**Bad Cannstatt
Steinhaldenfeld**
Marktplatz
U–Bahn–Haltestelle
Mi 8.00–12.00 Uhr

**Botnang
Regerstraße**
Sa 7.00–12.30 Uhr

**Degerloch
Rathausplatz**
Mi & Sa 7.00–13.00 Uhr

**Feuerbach
Kelterplatz**
Sa 7.00–12.30 Uhr

**Hedelfingen
Platz vor dem
Alten Haus**
Do 8.00–13.00 Uhr

**Stuttgart-Mitte
Marktplatz**
Di & Do 7.00–13.00 Uhr
Sa 7.00–13.30 Uhr

ärkte *endlich*

Stuttgart-Mitte Wilhelmsplatz
Fr 12.00–18.00 Uhr

Stuttgart-Mitte Schillerplatz
Di & Do 7.00–13.00 Uhr
Sa 7.00–13.30 Uhr

Möhringen Fasanenhof Bonhoefferweg
Do 8.00–14.00 Uhr

Möhringen Oberdorfplatz
Sa 7.00–11.30 Uhr

Mühlhausen Freiberg LVA Parkplatz
Sa 7.00–11.30 Uhr

Mühlhausen Mönchfeld
Fr 8.00–14.00 Uhr

Mühlhausen Neugereut Markplatz
Sa 7.00–12.00 Uhr

endlich Stuttgart endlich
endlich Stuttgart

Wochen

Stuttgart-Ost
Gablenberg
Schmalzmarkt
Mi 7.00–12.00 Uhr

Stuttgart-Ost
Ostendzentrum
Landhausstraße
Fr 10.00–17.00 Uhr

Obertürkheim
Uhlbach
Uhlbacher Platz
Mi 10.00–18.00 Uhr

Sillenbuch
Heumaden
Dorfplatz
Mi 7.00–13.00 Uhr

Sillenbuch
Kirchheimer Straße/
Ecke Schemppstraße
Fr 10.30–17.30 Uhr

Stammheim
Kirchplatz
Fr 7.00–13.00 Uhr

Stuttgart-Süd
Heslach, Bihlplatz
Sa 7.00–12.00 Uhr

Stuttgart-Süd
Marienplatz
Mi 10.00–18.00 Uhr

ärkte endlich

Untertürkheim
Bahnhofsplatz/
Widdersteinstraße
Fr 8.00–15.00 Uhr

Vaihingen
Rathausplatz
Mi & Sa 7.00–12.30 Uhr

Wangen
Marktplatz
Mi 7.00–12.00 Uhr

Weilimdorf
Giebel
Ernst-Reuter-Platz
Do 8.00–12.00 Uhr

Weilimdorf
Löwenmarkt
Di 7.00–12.30 Uhr
Fr 11.00–18.00 Uhr

Stuttgart-West
Bismarckplatz
Di, Do & Sa
7.00–12.30 Uhr

Zuffenhausen
Festplatz
Sa 7.00–12.30 Uhr

Zuffenhausen
Rot. Hans-Scharoun-Platz
Mi 8.00–13.00 Uhr

endlich   Stuttgart   endlich

endlich   Stuttgart

findest du außerdem am Schwabenzentrum (Eberhardstr. 35), am Stöckach (Werastr. 141), in der Yeanshalle (Königstr. 3) und als Pavillon in der Unteren Königstraße. www.hafendoerfer.com

Der Brezelbäcker **Frank** (Wächterstr. 9; Strohberg 21) ist bekannt für seine knusprig-laugigen Brezeln, die er in verschiedenen Varianten anbietet: klassisch, mit Sonnenblumenkernen oder als Vollkornbrezel. Außerdem hat dieser Bäcker einen Online-Shop, bei dem du dein Brot und deine Brötchen vorbestellen kannst. Die Bäckerei betreibt zudem die bekannten Brezelkörble in der Fußgängerzone: vier kleine Hütten, die dich mit frischen Brezeln versorgen. www.baeckerei-frank.de

Besondere Einkaufstipps

Für das ein oder andere Gericht brauchst du vielleicht auch mal exotische Gewürze oder Spezialitäten aus fernen Ländern. Auch hierfür gibt es in Stuttgart die richtigen Läden. Nebenbei kann man dort natürlich auch ein bisschen die Urlaubserinnerungen auffrischen …

Asia-Shops

Alle Liebhaber der asiatischen Küche können im **BETA Asia** Supermarkt (Hedelfinger Str. 55) Spezialitäten aus China, Japan, Indonesien, Korea, Thailand, und anderen asiatischen Ländern kaufen und zudem an Kochkursen teilnehmen.

Im Stuttgarter Osten befindet sich der **Asia-Markt Thai-Lam** (Rotenbergstr. 170). Hier findest du neben den gängigen asiatischen Lebensmitteln auch eine große Auswahl an Küchengeräten, Geschirr und Besteck aus der asiatischen Kultur. Wenn man sich ein Stück Fernost nach Hause holen will, lohnt sich ein Besuch! www.asiamarkt-stuttgart.de

In der **Bambussprosse** (Silberburgstr. 164) kannst du dich mit allen Zutaten rund ums Thema Asiafood und Sushi eindecken und außerdem auch traditionelle Kleidung aus Fernost sowie diverse Kochbücher zur asiatischen Kochkunst kaufen.

Italienisch einkaufen

In der Stuttgarter Markthalle befindet sich auch der Stand des Feinkosthändlers **Di Gennaro** (Dorotheenstr. 4). Für frische Pasta und Antipasti-Varianten ist er aus unserer Sicht die beste Adresse der Stadt. Auch das original italienische Panino sollte man unbedingt mal probiert haben. www.digennaro.de

Englische Spezialitäten

Die britische Insel auf deutschem Boden findest du um die Ecke vom Friedrichsbau (Schellingstr. 11). Das Angebot im **Piccadilly English Shop** reicht von englischem Tee und Orangenmarmelade über englische Literatur und schottischen Single Malt Whisky bis hin zur obligatorischen Minzsoße. Für alle Whisky-Fans: Es finden regelmäßig Verkostungen des edlen Tropfens statt. www.piccadilly-english-shop.de

Kanarische Leckereien

Kanaren-Fans bietet die **Kanarische Speisekammer** (Bopserstr. 10) echtes kanarisches Mineralwasser, delikaten Schinken und Käse, Wein, Süßigkeiten sowie das typisch spanische Gofio (Getreidepulver, das man mit Milch verrührt zum Frühstück isst). Die Speisekammer lädt außerdem mit wechselnden Mittagsangeboten zum Kurzurlaub zwischendurch ein. www.diekanarischespeisekammer.de

endlich **Stuttgart** endlich

endlich **Stuttgart**

Orientalisch einkaufen

Im netten **Souk Arabica** (Schlossstr. 57b) entführen dich orientalische Düfte und Klänge nach Nordafrika. Neben Spezialitäten wie Hummus, Harissa und Arganöl findest du hier auch tolle afrikanische Accessoires. www.souk-arabica.de

Frischer Fisch

Stuttgart liegt zwar nicht am Meer, trotzdem musst du nicht auf frischen Fisch verzichten! In **Elmas Fischhandel** (Neckarwiesenstr. 5) wirst du in Sachen Krabbe und Scholle auf jeden Fall fündig. Hier gibt es von Fisch bis Muschel alles, was so in Meer oder See unterwegs ist. Als Laie erwartet dich außerdem eine kompetente und freundliche Beratung. www.elmas-fischhandel.de

Veganer Supermarkt

Der Vegan-Trend ist natürlich auch schon im Schwabenländle angekommen. Im Stuttgarter Norden gibt es seit Juli 2013 das **Vegan Pur** (Friedhofstr. 11). Neben Obst und Gemüse bekommst du hier ein vollwertiges Ersatzprogramm zum herkömmlichen Supermarkt-Sortiment. www.facebook.com/Veganpur

Schokolade & Co.

Da für die meisten auf herzhaft zwingend süß folgt, sind hier die Zuckerbäcker unseres Vertrauens:

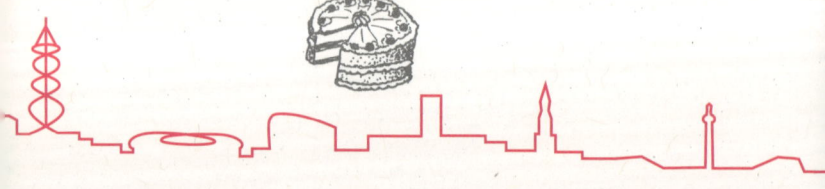

Sehr zu empfehlen ist die **Breuninger Confiserie** (Marktstr. 1–3). Neben kleinen und großen Torten sind besonders die bunten hausgemachten Macarons in verschiedenen Sorten ein Gaumenschmaus.

Die **Confiserie Selbach** gibt's gleich dreimal in Stuttgart. Neben dem Hauptgeschäft in Stuttgart Mitte (Dorotheenstr. 2) findest du eine weitere Filiale auf dem Schillerplatz (Schillerplatz 4) und die dritte in Bad Cannstatt (Marktstr. 40). Das braune Gold gibt es hier auch in außergewöhnlichen Varianten, wie beispielsweise Bergkäse-Walnuss-Traube. Wer da mit leeren Händen den Laden verlässt, verpasst Schokogenuss vom Feinsten. www.confiserie-selbach.de

Das **Pink Punk** (Königsstr. 26, Königsbau-Passagen, 2. OG) bietet dir amerikanische Naschereien: Zuckersüße Donuts, Cup Cakes, Waffeln, Cookies und Co. garantieren deinen nächsten Zucker-Flash. Unbedingt probieren: den Cronut. Die New Yorker Spezialität kombiniert ein krosses Croissant mit einem fluffigen Donut. Lass es dir schmecken!

Alles auf einmal

In der **Markthalle** im Stadtzentrum (Dorotheenstr. 4) findest du Lebensmittel aus aller Welt: Von schwäbisch über italienisch bis asiatisch gibt's hier alles, was dein kulinarisches Herz begehrt. Der Vorteil: Du musst nicht alle Besorgungen einzeln machen. Auf der Internetseite der Markthalle findest du eine (lange, lange) Händlerliste.
www.markthalle-stuttgart.de

--> Händlerliste

endlich **Stuttgart** endlich

endlich **Stuttgart**

Lieferservice

Du hast einfach keine Lust zu kochen oder hast vergessen einzukaufen, bist aber trotzdem total hungrig? Dann nimm das Telefon zur Hand, lehn dich entspannt zurück und ruf den Lieferservice an. Oder spar dir auch diese Arbeit und bestelle gleich online.

Pizza, Pasta e Amore

Pizza wie in Italien bekommst du bei **Pizza la Mamma**: Ein luftiger Teig, der krosse Boden und frische Zutaten machen die Pizza besonders lecker. Neben den Pizzas stehen auch Nudel- und Fleischgerichte, Salate und Frittiertes auf der umfangreichen Speisekarte. www.lamammastuttgart.de

Angelo's Pizza Taxi liefert große Pizzas in Steinofen-Qualität: dünner Boden, krosser Rand. Wenn du möchtest, bringt das Taxi aber auch Cevapcici vom Balkan mit. www.angelos-stuttgart.de

Asiatisch

Im **Bambus-Garten** bekommst du sehr schnell sehr leckere asiatische und thailändische Gerichte. Von gebratenen Nudeln mit Gemüse über die all-time-favorite Frühlingsrolle bis hin zu Fleischgerichten gibt es hier alles in guter Qualität. www.bambusgarten-stuttgart.de

Besonders große Portionen bekommst du beim **Super China Service**. Das Highlight: Zu den Bratnudeln gibt's einen kleinen Krautsalat und eine scharfe Dip-Soße dazu. www.superchina-stuttgart.de

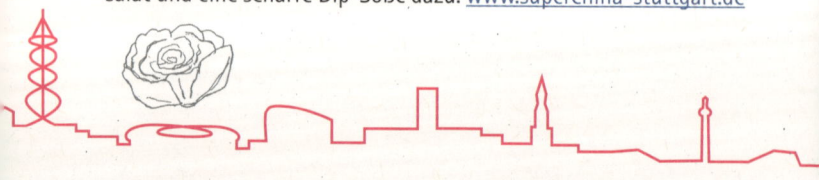

Sushi

Bei **art sushi** (Hasenbergstr. 47) gibt's vor allem ein riesiges Sortiment: Standards wie Lachs-Maki sowie exotische Specials mit feinem Krebsfleisch und frischem Gemüse oder würziger Algensalat – hier ist alles frisch und wird schnell geliefert. www.artsushi.de

Ebenso fix, frisch und ohne falsche Versprechungen liefert **I love sushi** (Rosenbergstr. 69b) die rohen Röllchen. Hier schmeckt's so lecker, dass du dir vermutlich bald eines der Fan-T-Shirts zulegen wirst. Montags ist leider Lieferpause angesagt. www.i-love-sushi.de

Indisch

Laxmy (Finkenstr. 20) bietet dir indische und ceylonesische Küche und hält die besten Chicken-Gerichte in unterschiedlichsten Varianten bereit. Da wäre beispielsweise das Hähnchen mit Mandeln, Kokos und Kardamom mit Kokosmilch verfeinert, aber auch das feurige Chili Chicken hat es in sich. www.laxmystuttgart.de

Französisch

Bei **Vital Lunch** bekommst du super leckere Baguettes, Flammkuchen und Salate. Es gibt reichlich Auswahl und zum Nachtisch kannst du dir noch eine süße Crêpe bestellen. Die Zutaten sind natürlich alle frisch und der Preis wirklich angemessen. www.vital-lunch.com

endlich **Stuttgart** endlich

endlich

Stuttgart

Hunger? **Hunger?**

Essen
unterwegs

Restaurant **Fast Food**

Döner
Speisekarte **Pizza**
sekarte

Fast Food
staura

Döner

Wenn es mal schnell gehen muss

Plötzliche Heißhunger-Attacke beim Stadtbummel? Kein Problem! In Stuttgart gibt es an fast jeder Straßenecke Nahrung, wenn du mal schnell und günstig etwas auf die Hand brauchst.

Aus dem Wok

In Stuttgart-Mitte befindet sich der Thai-Imbiss **Thai–Bun** (Charlottenstr. 12). Hier schmecken die Thai-Klassiker Ente süß-sauer, Thai-Curry, gebratener Reis mit Gemüse oder gebratenes Hühnchen sehr lecker und sind nebenbei auch günstig zu haben.

Der **Goi – Asia Gourmet Imbiss** in Feuerbach (Stuttgarter Str. 35) bietet täglich wechselnde Tagesessen für nur 5,20 Euro an. Das Ambiente ist geschmackvoll und im Sommer gibt's schöne Terrassenplätze. Achtung, die Portionen sind wirklich riesig und reichen locker für zwei. www.goi.de

Wenn es schnell und ausgefallen sein soll, solltest du unbedingt einen Abstecher ins **Lemon Grass** (Augustenstr. 10) machen. Hier gibt es täglich nur etwa fünf bis sechs verschiedene Gerichte, das erleichtert die Qual der Wahl. Natürlich ist auch immer etwas Vegetarisches mit dabei. Bei Gerichten, die mit dem Wort „scharf" versehen sind, ist allerdings Vorsicht geboten! Jasmintee gibt's gratis dazu. www.shaba-thai-restaurant.de --> Lemongrass

Döner, Pide und Co.

Anhänger der osmanischen Imbissküche werden in Stuttgart nicht enttäuscht. Besonders zu diesen drei Anlaufstellen solltest du unbedingt mal einen Abstecher machen:

Alaturka (Olgastr. 109) ist bekannt für den besten Döner der Stadt, weshalb der Fleischspieß manchmal schon nachmittags aufgebraucht

endlich   endlich   Stuttgart   endlich   endlich   Stuttgart

ist. Auch die Veggie-Variante mit frisch gegrilltem Gemüse ist zu empfehlen. Du solltest aber auf jeden Fall mit etwas längeren Wartezeiten rechnen, denn dieser Döner ist wahrhaftig in aller Munde.
www.facebook.com --> Alaturka Stuttgart

Es muss nicht immer Döner sein: Der **Cesa Cig Köfte** (Schwabstr. 26) im Stuttgarter Westen serviert wunderbar leckere Köfte. Neben diesen würzigen Fleischbällchen erwarten dich aber auch verschiedene vegetarische/vegane Gerichte. Besonders beliebt ist die Köfte-Variante aus Weizengrütze, die zusammen mit Gemüse, Zitronensaft und Kräutern im Yufka serviert wird. Ausgefallen, lecker und ebenfalls vegan: frittierte Pistazienröllchen.

Viele Stuttgarter lieben außerdem **Ützel Brützel**, die mit zwei Filialen in der Innenstadt vertreten sind. Ein Imbissstand liegt strategisch günstig am Hauptbahnhof in der Marktstation, der andere in der Fußgängerzone (Untere Königstr. 10a). Besonders lecker sind das frische, selbstgemachte Fladenbrot und die Falafel. Ein weiterer Pluspunkt ist das ungemein freundliche Personal.
www.ützel-brützel.de

Würstchenstand und Burgerbude

Im **Martha's** (Königstr. 26), dem Slow-Food-Imbiss in den Königsbau Passagen, gibt's Grill- und Brühwürste vom Schwäbisch-Hällischen Landschwein inklusive einer würzigen, selbstgemachten Currysoße. Außerdem kannst du hier Flammkuchen und Belgische Waffeln ordern.
www.marthas-stuttgart.de

Im Stuttgarter Westen bekommt man beim **StuggiTown Burger** (Bebelstr. 25) verschiedenste Burger-Variationen für den schmalen Taler. Im Sortiment ist für jeden was dabei und bei Sonderwünschen ist das Personal sehr flexibel. Außer Burgern gibt's auch Currywurst, Pommes und Salate. www.facebook.com --> StuggiBurger

Udo Snack (Calwer Str. 23) hat zu Recht den Ruf, die größten Hamburger und Cheeseburger der Stadt zu braten – und das seit 1962! Diese Imbissbude genießt Kultstatus, weshalb hier wirklich alles – vom Studenten über die Hausfrau bis hin zum Rentner – aufeinandertrifft, was dem Burger oder der frittierten Knolle huldigt. Die Preise sind unschlagbar niedrig und alle Burger gibt's auch vegetarisch. www.udo-snack.de

Gleich viermal ist die Franchise-Kette **Hans im Glück – Burgergrill** in Stuttgart vertreten: Im Europaviertel (Lissabonner Str. 2) und dreimal in Stuttgart-Mitte (Tübinger Str. 41-43, Marienstraße 3b und Mailänder Platz 7) warten die ausgefallensten Burger der Stadt auf dich. Zutaten wie Champignon-Kräuterfrischkäse oder Brie-Preiselbeere lassen kreatives Potenzial erkennen. Vegetarier und Veganer kommen hier übrigens auch auf ihre Kosten! www.hansimglueck-burgergrill.de

Maultaschen

Wer sie einmal probiert hat, kommt nicht mehr von ihnen los: Maultaschen! Und dass die nicht immer gleich aussehen und

endlich **Stuttgart** endlich
endlich **Stuttgart**

schmecken müssen, beweist **Running Mhhh** (Kronprinzstr. 24). Hier zaubert man aus der schwäbischen Version der Ravioli diverse Dinge wie Burger, Pommes und Currywurst. Klingt seltsam und abenteuerlich? Schmeckt aber ziemlich lecker! www.maultaschen-snack.de

Alles vegetarisch

Dir steht der Sinn nach leichter Kost ohne Fleisch? Dann auf zum **Vegi Voodoo King** (Steinstr. 13)! Falafel in allen Variationen sowie täglich wechselnde Suppen erwarten dich hier. Und: Alles ist vegetarisch – vieles sogar vegan. Unbedingt probieren: Falafel-Aubergine und die Karotte-Kokos-Suppe. www.facebook.com
--> Vegi Voodoo King

Alles auf einmal

In der **Food Lounge** im zweiten Stock der Königsbau Passagen (Königsstr. 26) kannst du zwischen zahlreichen Gastronomen wählen und dich einmal rund um die Welt schlemmen. Hochwertiges Fast Food steht auf dem Speiseplan: indische, asiatische, türkische, thailändische oder italienische Köstlichkeiten, aber auch schwäbische Klassiker und süße Leckereien. Außerdem gibt's hier zwei Stunden Gratis-WLAN.

Wenn die Mittagspause ruft

ummm!

Endlich Mittagspause! Der Magen knurrt eigentlich schon seit zwei Stunden, daher ist es nun umso wichtiger, dass jetzt fix was Ordentliches auf den Teller kommt.

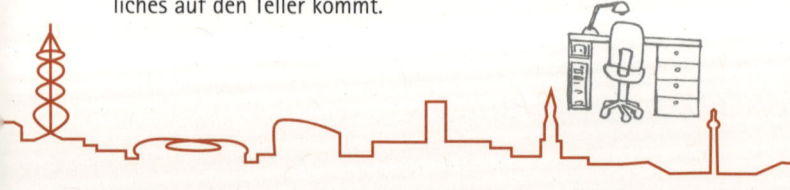

Mensa

In der Uni-Mensa kannst du zu Studentenpreisen gut und günstig essen. Montag bis Freitag bietet ein einheitlicher Speiseplan für alle Stuttgarter Mensen – von der Vorspeise über „Das Komplettpaket" und „Bio Pur" bis zum Nachtisch – eine breite Auswahl an, bei der für jeden was dabei ist.

Mensa I Holzgartenstraße (Holzgartenstr. 11): Im Sommer kannst du hier draußen im Grünen dein Mittagspäuschen verbringen. Außerdem gibt's ein (Salat-)Buffet sowie Pizza und Flammkuchen aus dem Steinofen (Mo-Do).

Mensa II Stuttgart-Vaihingen (Pfaffenwaldring 45): Hier bekommst du täglich das Rundum-Sorglos-Paket: Neben dem Speiseplan stehen dir das Buffet und eine Wok- und Grill-Theke offen. Außerdem wird täglich der Steinofen angeschmissen.

Eine Übersicht aller Stuttgarter Mensen mit den wichtigsten Infos findest du auf www.studierendenwerk-stuttgart.de --> Gastronomie

Für dein Smartphone gibt's die Apps „Mensa Stuttgart" bzw. „Mensa Studentenwerk Stuttgart".

Mittagstische

Solltest du mal keine Lust auf Massen-Essen haben, bieten Stuttgarter Kneipen und Restaurants mit ihren Mittagsangeboten eine kostengünstige Alternative:

Für Fans des Dolce Vita ist das **Alimentari di Loretta** (Römerstr. 8) im Stuttgarter Süden genau das Richtige. Hier gibt's täglich wechselnde Pasta-Gerichte inklusive Salat und Suppe. Bestellt wird an der Theke mit Blick auf die offene Küche, wo man der Meisterin auf die Finger schauen kann. http://daloretta.over-blog.de

endlich Stuttgart endlich
endlich Stuttgart

Im **Auszeit** (Augustenstr. 52) im Stuttgarter Westen geht's lässig zu. Du bestellst dein Schnitzel, Couscous oder die Maultaschen auch hier an der Theke und kannst dich dann in einem der drei Themenräume zum Essen niederlassen. Ob du dich bei der Platzwahl nun für modern, indisch oder rustikal entscheidest, ist egal – gut schmeckt es überall. www.facebook.com --> Cafebar Auszeit

In Stuttgarts Mitte versorgt dich das **Café Stella** (Hauptstätter Str. 57) neben Frühstück, Kuchen und Abendessen auch mit einem unkomplizierten und leckeren Mittagstisch (Suppe, Salat, Spezial oder Pasta). Der wechselt täglich und es stehen auch vegane Köstlichkeiten auf dem Programm. www.cafe-stella.de

Im **Bistro Épicerie Fine** (Olgastr. 136) fühlt man sich wie Gott in Frankreich. Als Mittagstisch bekommt man ein deliziöses und typisch französisches 3-Gänge-Menü direkt am Stehtisch. www.epiceriefine.de

In der **nama foodbar** (Calwer Str. 50) gibt's feine Suppen, Salate und Pasta-Gerichte zu günstigen Preisen. Das alles kannst du auch ins Büro, die Uni oder in den Park mitnehmen – und das Tollste ist, dass die Verpackung dazu ausschließlich aus nachwachsenden Rohstoffen hergestellt wird und sich vollständig kompostieren lässt. Daumen hoch! www.nama-stuttgart.de

Internationale & regionale Küche

Kulinarisch kann dir die Schwaben-Metropole natürlich noch einiges mehr als Imbissbuden und schnelle, einfache Küche bieten: Von regionaler schwäbischer Kochtradition, über ausgefallene Köstlichkeiten aus aller Welt, bis hin zu gemütlichen Bars und Studentenkneipen, die dich auch bis spät in die Nacht mit Snacks versorgen, ist alles dabei.

Lecker schwäbisch!

Bei den Steins im Stuttgarter Osten (Albert-Schäffle-Str. 6) serviert man eine große Auswahl an guter, regionaler Küche: Maultaschensuppe, schwäbischer Wurstsalat, Spätzle mit Soße und als Sonntags-Highlight der Schmor-/Sauerbraten. Das Restaurant hat eine schöne Außenterrasse und ein Beach-Eck, wo du dich ebenfalls zum Essen niederlassen kannst. www.beidensteins.de

Urig-rustikal und ziemlich schwäbisch geht's in der **Alt Sillenbucher Weinstube zum Schwanen** (Tuttlinger Str. 96) her. Hier wird in gemütlicher Atmosphäre so richtig schwäbisch gekocht und gegessen. Das Schnitzel aus der Pfanne oder ein saftiger Tafelspitz und dazu ein guter, selbstgebrannter Edelobst-, Wildfrucht- oder Beerenbrand gefällig? www.seeger-getraenke.de --> Weinstube

Mitten in der Stadt kannst du dich im **Brauhaus Schönbuch** (Bolzstr. 10) zwischen klassischen und modernen regionalen Gerichten entscheiden und dazu ein selbstgebrautes, kühles Schönbuch-Bier genießen. Besonders lecker ist die knusprige Schweinshaxe mit Biersoße und frischem Bauernbrot.
www.brauhaus-schoenbuch.de

Das Restaurant **Goldener Adler** (Böheimstr. 38) besticht durch seine schwäbisch-gutbürgerliche Küche, die kunstvoll auf dem Teller drapiert wird. Unbedingt einmal probiert haben solltest du hier die geschmorte Rehkeule mit Pfirsichen, Pfifferlingen und Haselnuss-Schupfnudeln.
www.goldener-adler-stuttgart.de

endlich Stuttgart endlich endlich Stuttgart

Italienisch

In Stuttgarts Norden kannst du dich bei **Cantinetta** (Tunzhofer Str. 3) über weit mehr als Pizza und Pasta hermachen. In eleganter, aber gemütlicher Atmosphäre erwarten dich hier wahre Köstlichkeiten, wie zum Beispiel das Rotwein-Risotto mit karamellisierten Zwiebeln. www.cantinetta-stuttgart.de

Il Pomodoro ist eine Trattoria mit zwei Filialen in Stuttgart. Die kleinere der beiden mit nur wenigen Sitzplätzen befindet sich in Stuttgart-West (Silberburgstr. 72), die größere in der Stadtmitte (Wilhelmsplatz 4). Sehr empfehlenswert sind vor allem die Nudelgerichte mit ihren ausgefallenen Soßen: Wie wäre es zum Beispiel mit Birnen-Buttersauce oder Orangen-Sahnesauce zu deinen Spaghetti? www.il-pomodoro-stuttgart.de

Ebenso empfehlenswert ist das **Mezzogiorno** in Stuttgart-Mitte (Kriegsbergstr. 55). Es befindet sich direkt im Glasbau auf dem Campus der Uni Stadtmitte. Hier bekommst du Pasta, Fisch und Pizza mit dem gewissen Etwas, wie zum Beispiel Aurorasoße zu Penne mit Lachs und Zucchini. www.mezzo-giorno.de

Beim Feuersee wartet das **RIVA** (Senefelder Str. 21) mit schön krossen Pizzas und typisch italienischen Gerichten auf dich. Im Sommer kannst du Dolce Vita in vollen Zügen auch vor der Trattoria im Freien genießen. www.riva-stuttgart.de

Griechisch

Griechische Küche gepaart mit schwäbischer Hausmannskost erwarten dich im **Luftbad** (Georgiiweg 16) auf der Waldau. Neben Gyros, Bifteki und Tsatsiki werden Leberkäse, Käsespätzle und Maultaschen serviert. www.luftbad.de

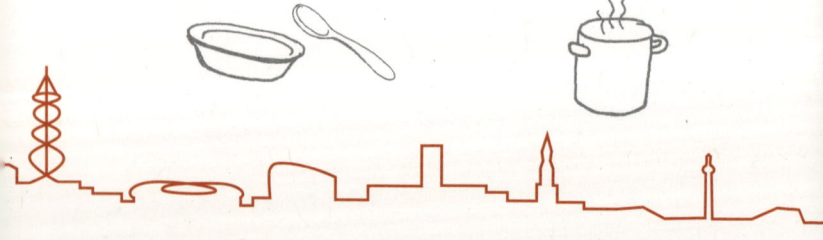

Traditionelle griechische Küche findest du in Bad Canstatt. Die **little greek taverna** (Wilhelmstr. 27) ist ein kleiner Familienbetrieb und bietet von Zucchini-Puffer über gefüllte Paprika und Stockfisch mit Knoblauchcreme alles, was dich wehmütig an deinen letzten Rhodos-Urlaub zurückdenken lässt. www.littlegreektaverna.de

Die Taverne **Cavos** (Lautenschlagerstr. 20) ist der moderne, kitschfreie Grieche in Stuttgart. Neben dem stilsicheren, ansprechenden Ambiente und gutem Essen gibt es auch eine Bar für den abendlichen Durst. www.cavos-stuttgart.de

Französisch

Das Restaurant **Scholz am Park** auf dem Killesberg (Am Höhenpark 2) klingt zwar nicht französisch, doch der Schein trügt: Rotisserie heißt nämlich das französische Konzept, das du hier geboten bekommst. Das bedeutet: Die Fleischgerichte werden direkt vor deinen Augen auf dem Lava-Grill zubereitet. www.scholz-am-park.de

Asiatisch

Bei **Eat Drink Man Woman** (Schloßstr. 77) erwarten dich koreanische Küche und ein netter Service. Hier wird ganz traditionell nicht in verschiedenen Gängen serviert, sondern alle Speisen kommen fast gleichzeitig auf den Tisch. Das Highlight zum Schluss: Die Grüntee-Eiscreme. Ein Restaurant zum Wohlfühlen und Genießen. www.koreanischesrestaurant-edmw.de

endlich Stuttgart   endlich
endlich   Stuttgart

Das Rundum-Asia-Programm bekommst du im **Shabu Shabu** (Charlottenstr. 26). Hier kannst du chinesische, koreanische und thailändische Küche genießen. In modernem Ambiente gibt's Fleischgerichte und Vegetarisches in verschiedenen Schärfegraden. www.shabushabu-stuttgart.de

Wenn du den Mut zu sehr außergewöhnlicher chinesischer Küche hast, kannst du bei **Fu Guifang** (Schulstr. 12) vorbeischauen und die Entenzungen, den Schweinemagen oder die Froschschenkel probieren. www.fuguifang.de

Mexikanisch

Das **Hacienda** (Tübinger Str. 8) hat neben typischen mexikanischen Burritos auch deftiges BBQ und feine Gambas im Angebot. Die Livemusik sorgt für das richtige Gefühl beim Essen. www.facebook.com/haciendastuttgart

Cantina-Restaurant y Cocktailbar (Schellingstr. 7): Typische Tex-Mex-Kneipe mit vielen lässigen Leuten. Hier gibt's stattliche mexikanische Snacks und am Wochenende ist auch musiktechnisch was geboten. www.facebook.com
--> Cantina-Restaurant y Cocktailbar

Spanisch

Gute Unterhaltung und Urlaubsgefühle bekommst du im **Er Vaquita** (Vogelsangstr. 41). Die Stimmung ist ausgelassen und das Essen mit Paella, gegrilltem Tintenfisch oder Hühnchen in würziger Sherrysoße typisch spanisch. www.facebook.com --> Er Vaquita

Indisch

Wenn indisch, dann bei **Ganesha**! Hier gibt's die besten indischen Gerichte zu super Preisen. Und praktischerweise gibt es Ganesha gleich dreimal in Stuttgart. Das Original steht im Stuttgarter Osten

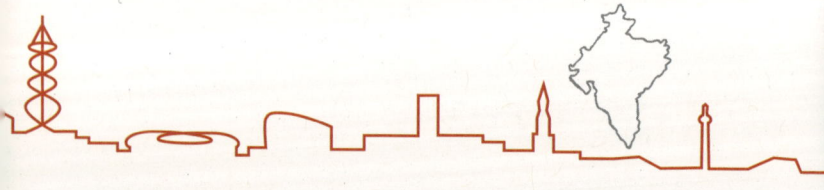

(Lembergstr. 19), das zweite Restaurant im Westen (Rotebühl-str. 155) und zu guter Letzt das dritte in Stuttgart-Fellbach (Auberlenstr. 40, 70736 Fellbach). www.ganesharestaurant.de

Portugiesisch

Im **Beja** (Reinsburgstr. 102) erwarten dich kreative Tapas, Fischgerichte (insbesondere Stockfisch) und süße Leckereien. Nicht selbstverständlich für die iberische Mittelmeerküche ist, dass hier auch Vegetarier satt werden. www.beja-stuttgart.de

Afrikanisch

Das **Madagascar** am Marienplatz (Filderstr. 61) hat seinen Namen nicht von ungefähr: Masken, Sand und andere exotische Dekoration sorgen für echtes Madagascar-Feeling. Die Speisekarte ist mindestens ebenso exotisch: Zebra, Krokodil, Süßkartoffeln und sonstige afrikanische Gerichte. Besonders lecker sind die vegetarischen Samosa mit Mango-Dip. www.madagascar-stuttgart.de

Ähnlich ausgefallen und erlebnisreich ist die Speisekarte bei **Ambiente Africa** (Werastr. 1). Hier werden die Gerichte zum Teil auf Bananenblättern angerichtet. Außerdem erwarten dich exotische Fleischsorten sowie leckere Salate und vegetarische Gerichte. www.restaurantafrika.de

Amerikanisch

Ein Restaurant mit zwei Gesichtern ist das **Schatzi's** (Sulzbacher Str. 32). Gleich zwei Köche schwingen hier den Kochlöffel für dich: Der eine bereitet amerikanische Gaumenfreuden zu, wie Burger und Steaks, der andere zaubert asiatisches Seafood und mexikanische Leckereien. www.schatzis.de

Vegane Restaurants

Die vegane Küche erfreut sich, wie in vielen anderen Städten, auch in Stuggi wachsender Beliebtheit. Mittlerweile gibt es hier einige Restaurants, die dir einen ethisch korrekten Genuss ohne Reue bereiten:

Gleich zwei Restaurants findest du in Stuttgart-Mitte: Das **Klein aber fein** (Kronenstr. 45) bietet dir vegane Küche mit einem französischen Akzent. www.klein-fein-stuttgart.de

Im **Super Jami** (Bopserstr. 10) bekommst du neben Frühstück, Salaten und Snacks wie Chili sin Carne oder Schwäbischer Kichererbsencreme auch wechselnde Tagesessen. www.super-jami.de

Neben der festen Abendkarte mit Leckereien wie beispielsweise Seidentofu an Maronen-Kartoffelknödeln gibt's im **Coox and Candy** in Bad Cannstatt (Sulzbachgasse 14) eine wechselnde Wochenkarte mit abwechslungsreichem Angebot an veganen Köstlichkeiten. Jeden Samstag kannst du dich am Mittagsbuffet bedienen. Außerdem wärmstens zu empfehlen: Der Sonntagsbrunch! www.coox-candy.de

s. „Sonntage", S. 166

Das schnuckelig-verträumte **Körle und Adam** (Feuerbacher Talstr. 31) am Eingang zu Feuerbach stellt dir deliziöse Drei-Gänge-Menüs zur Wahl inkl. einer veganen Weinauswahl. Die einzelnen Gerichte dürfen aber auch separat bestellt oder kombiniert werden. www.koerleundadam.de

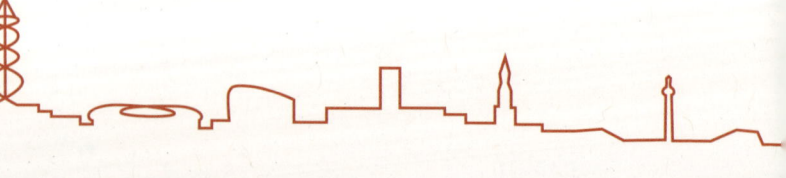

Einfach lecker und entspannt

In der **Academie der schönsten Künste** (Charlottenstr. 5) mitten in der Stadt bekommst du wechselnde Mittags- und Abendgerichte vom Klassiker wie „Spiegeleier mit Spinat und Butterkartoffeln" bis hin zum „Mediterranen Salat mit Fetakäse und Oliven". Tipp: Im Sommer unbedingt in den Hofgarten setzen und ein Stück Kuchen probieren. www.academie-der-schoensten-kuenste.de

Gemütlich ist's im **Café Kaiserbau** (Marienplatz 12). Innen ist das Café puristisch eingerichtet, draußen befindet sich eine große Sonnenterrasse. Mittags gibt es Mediterranes und abends stehen drei verschiedene Gerichte zur Auswahl. www.cafe-kaiserbau.de

Das **Galào** (Tübinger Str. 90) ist in aller Munde. Jeder kennt es – jeder liebt es. Das Essen schmeckt wie daheim und man fühlt sich auch sonst ganz wie zu Hause. Oder besser. Jeden Mittwoch und Samstag finden hier Konzerte statt (Soul Pop, Indie Folk ...). www.galao-stuttgart.de

Ebenfalls sehr beliebt ist das **Hüftengold** (Olgastr. 44) am Olgaeck. Hier kannst du sanft abschalten und abends leckere Tapas, bunte Salate und abwechslungsreiche Gerichte genießen. Hübsch und betont wohlfühlig. www.hüftengold.de

Studentenkneipen

Der Hans-im-Glück-Brunnen (Geißstr.) ist für viele die Theo-Heuss in klein und gemütlich. Hier liegt das studentische Kneipenmekka.

Da wäre zum einen das **Mata Hari** (Geißstr. 3): An langen, großen Tischen sitzen hier junge Indie-Liebhaber und Studenten zusammen. Gigantische Snacks wie Semmelknödel oder Spinatlasagne haben sich einen Ruf gemacht. www.facebook.com

--> Mata Hari

endlich **Stuttgart** endlich

endlich **Stuttgart**

Das **Kap Tormentoso** (Hirschstr. 27) findest du ebenfalls unweit des Hans-im-Glück-Brunnens. In dieser Kneipe im Seefahrer-Stil gibt's täglich wechselnde Deftigkeiten wie Suppen, Pasta und auch Thai-Gerichte. www.kap-tormentoso.de

Wichtel (Stuttgarter Str. 21): Von Studenten geliebt und verschlungen – der Wichtelkuchen. Dieses flammkuchenartige, meist deutlich über den Tellerrand hinausragende Gebäck gibt's in allen Varianten und gerne mit Sonderwünschen. Dazu ein hausgebrautes Wichtelbier im sonnigen Biergarten und der Tag oder Abend ist gerettet. www.wichtel.de

Für die ganz besonderen Momente

Steht ein besonderes Ereignis an oder willst du dir einfach mal so richtig was gönnen? Das kannst du in diesen Restaurants:

Das **5** (Bolzstr. 8) ist sowohl Bar, Café als auch Restaurant und das auf zwei Etagen. Im Erdgeschoss findest du den Bistro-/Lounge-Bereich und über eine Treppe gelangst du in das Restaurant. Diniert wird ganz komfortabel im wuchtigen Sessel oder auf dem Kanapee. Die Sterneküche verwöhnt dich mit Speisen aus aller Welt, gerne auch als Sieben-Gänge-Menü. www.5.fo

Gehoben ausgehen mit Stil: Bei **Da Franco** (Calwer Str. 23) haben das Ambiente und die Gerichte das gewisse Etwas. Das edel gestylte Esszimmer verführt zum Träumen und die hochwertige italienische Küche ist ein wahres Geschmackserlebnis. Die Vier-Gänge-

Menüs lassen keine Wünsche offen und an edlen Tropfen mangelt es natürlich auch nicht. www.dafrancostuttgart.de

Das **Cube Restaurant** (Kleiner Schlossplatz 1) ist rundum verglast und so hast du einen fantastischen Ausblick auf Stuttgarts Mitte. Mittags gibt's hier leichte und frische, regionale pder internationale Küche. Am Abend kannst du Leckereien wie die Barberie Entenbrust oder die gegrillten Seawater Riesengarnelen verkosten. www.cube-restaurant.de

Soll es mediterran, schnörkellos aber dennoch hervorragend sein, lohnt sich ein Besuch in der **Boteca di Vino** (Beethovenstr. 30) in Botnang. Das Restaurant ist klein und ausgesprochen gemütlich. Hier bekommst du mediterrane Delikatessen, wie zum Beispiel Schwertfisch vom Grill mit kandierter Zitrone und Spinatsalat. Der passende Wein zum Dinner stammt von ausgesuchten Winzern, die an manchen Abenden sogar persönlich anwesend sind und die Gäste beraten. www.boteca-stuttgart.de

Schloss Solitude Gastronomie (Solitude 2): Vier Speisesäle stehen dir in vollem Prunk zur Wahl: drei innen, einer außen. Die Hauptklientel besteht aus Ausflüglern in weniger praktischer, dafür umso noblerer Bekleidung. Kein Wunder, denn exquisiter als hier geht's nirgends in der Stadt. Gekocht wird hauptsächlich schwäbisch und das vom Allerfeinsten. www.joergmink.com

endlich   Stuttgart   endlich

                    endlich   Stuttgart

Kaffee

endlich

Cappuccino

Durst?
Durst?
Durst?
Durst?
Bier
Bier
Bier
Bier
Wein
Wein
Kaffee
Bier
Cappuccino
Cappuccino
Cappuccino
Kaffee
Wein
Bier

„Treffen wir uns doch einfach auf einen Kaffee/Tee/Wein/Cocktail ... oder auf ein Bier." Zusammen was trinken gehen ist der Klassiker unter den Social Events. Morgens, mittags oder abends: Getränke sind sozialer Schmierstoff und kulturelle Praxis zugleich. In diesem Kapitel erfährst du alles über die Stuttgarter Locations, die deinen Durst stillen, darüber, wo du dir den Drink für zwischendurch genehmigst und wo du vor lauter Gemütlichkeit vielleicht den ganzen Abend versackst.

Kaffee

Kaffee geht einfach immer: Ob mit Freunden auf einen Cappuccino zum Quatschen oder das erste Date mit deinem neuen Flirt bei einem Latte Macchiato im Asta-Café. Kaffee macht dich am Morgen wach, in der Mittagspause holst du dir den Iced Latte als Frischekick und ein Espresso nach dem Essen hilft deiner Verdauung.

Mussten Gäste sich vor einigen Jahren in Lokalen noch mit Kaffee und Kondensmilch begnügen, hat sich inzwischen ein richtiger Kaffee-Hype in Deutschland ausgebreitet. In den Cafés werden die verschiedensten Kaffeespezialitäten aus aller Welt serviert, in den Espressobars haben Baristas die Kaffeekultur zum Berufsstand erhoben und den Coffee to go gibt es mittlerweile an jeder Ecke – mit Sojamilch, laktosefrei oder fettarm, ganz nach Wunsch.

Gemütliche Cafés zum Verweilen

Cappuccino, Cocktails und Panini gibt's im **Café Treppe** (Kleiner Schlossplatz 13-15) an Stuttgarts zentralstem Platz, dem Schlossplatz. Der große Außenbereich ist bei gutem Wetter der ideale Ort zum Verweilen und Beobachten. www.treppe-schlossplatz.de

Das Nonprofit-**Café Faust** (Geschwister-Scholl-Str. 24c) wurde von jungen Studenten gegründet. Auf dem Campus Stadtmitte kannst du dich zum Kaffeetrinken zwischen zwei Vorlesungen oder auf ein Bier am Abend verabreden. Oft finden hier kleine Konzerte und andere Veranstaltungen statt. Außerdem darf jeder mitmachen – und sei es nur durch die Spende eines selbstgebackenen Kuchens. www.cafefaust.de

Im kultigen **Café Soho** (Schwabstr. 16a), das seit mehr als 30 Jahren besteht, gibt es handgemahlenen italienischen Kaffee und frische Säfte, abends werden Wein und Whiskey ausgeschenkt. Hier bekommen Langschläfer den ganzen Tag über Frühstück und an der Theke triffst du so manch interessanten Zeitgenossen. www.cafe-soho.de

Das **Bittersüß** (Reuchlinstr. 22) ist das Kreativ-Café Stuttgarts, denn die Inhaberin bietet regelmäßig Pralinen- und Eis-Workshops an. Probieren kannst du die Leckereien im Country-Ambiente des Bittersüß bei einer richtig guten Tasse Kaffee. Die angebotenen Kaffee- und Espressosorten einer Dresdener Kaffeerösterei gibt's außerdem auch gleich zum mit nach Hause nehmen.
www.bittersuess-stuttgart.de

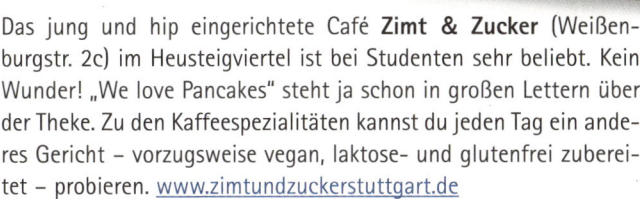

Das jung und hip eingerichtete Café **Zimt & Zucker** (Weißenburgstr. 2c) im Heusteigviertel ist bei Studenten sehr beliebt. Kein Wunder! „We love Pancakes" steht ja schon in großen Lettern über der Theke. Zu den Kaffeespezialitäten kannst du jeden Tag ein anderes Gericht – vorzugsweise vegan, laktose- und glutenfrei zubereitet – probieren. www.zimtundzuckerstuttgart.de

endlich Stuttgart endlich
endlich
Stuttgart

 Das **Café Moulu** (Senefelderstr. 58) ist ein niedliches Studentenca-fé im Stuttgarter Westen. Mit einem Buch aus dem Regal kannst du es dir hier beim vielleicht besten Café Latte der Stadt gemütlich machen. Im Moulu gibt's Maulis (Maultaschen) schon zum Früh-stück, außerdem leckeres Rührei und frischgepresste Säfte zu güns-tigen Preisen. www.cafe-moulu.de

Kaffeegenuss in stylischem Ambiente

 Kronleuchter, Kamin und Art-Deco-Jagdtrophäen an der Wand – das Designercafé **Hüftengold** (Olgastr. 44) ist über die Stadtgren-zen hinaus bekannt. Bis 16.00 Uhr gibt es Frühstück, der Kaffee kommt aus einer kleinen, regionalen Kaffeerösterei und die Kuchen werden aus glücklichen Eiern selbst gebacken. www.hüftengold.de

 Im **Café 5** (Bolzstr. 8) genießt du dein Käffchen in einem perfekt durchgestylten Am-biente auf weißen Möbeln mit Fellbezügen. Zum lecke-ren Café au Lait kannst du dir Rübli-Torte, Erdbeerkuchen oder Schokotarte schmecken lassen. Besonders schöne Idee: Jeden ersten Sonntag im Monat werden bei der Filmmatinee alte Klassiker zum Frühstück gezeigt. www.5.fo

> **Tipp für Teetrinker!**
> Auf der Schwabstraße tobt der All-tagsstress, drinnen kannst du die Seele baumeln lassen. Das **Tai Chi Teehaus** (Schwabstr. 18) ist eine schöne Mischung aus Teehandlung und Tea Lounge. Die freundlichen Inhaber führen ihre Gäste in Workshops auch gerne in die chinesische Teekultur ein oder halten Teezeremonien ab. Unbe-dingt mal abends ausprobieren, da ist es im Tai Chi am gemütlichsten! www.taichi-teehaus.de

 Und auch das **Café Cook'ies** (Löwen-Markt 13) ist elegant und aus-gefallen eingerichtet: Pinke Sitzmöbel und große Kronleuchter im neo-barocken Stil laden zu Kaffee, Frühstück und selbstgemachten Törtchen ein. www.cafecookies.de

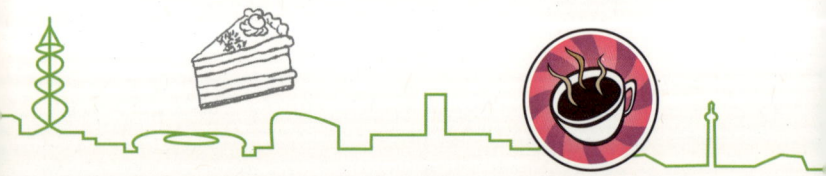

Cafés mit Traumterrasse

Wenn dir der Ausblick genauso wichtig ist wie der Kaffee, bist du im **Scholz am Park** (Am Höhenpark 2) am Killesberg richtig. Zu französischer Küche, Kuchen und Törtchen werden auf der großen Terrasse leckere Kaffeespezialitäten serviert – z. B. Espresso, Hochland Café oder Scholz Spezial Milchkaffee. www.cafe-scholz.com

--> Scholz am Park

In den Räumen einer ehemaligen Reiterkaserne befindet sich das **Grand Café Planie** (Charlottenplatz 17). In diesem klassischen Kaffeehaus hast du die Auswahl zwischen selbstgebackenen feinen Torten und mehr als 150 verschiedenen Heißgetränken. Im Sommer kannst du deine Wiener Melange unter den Kastanienbäumen auf der Terrasse genießen. www.grandcafeplanie.de

Espresso-Bars und Coffee to go

Wenn deine Zeit mal knapp ist, heißt das noch lange nicht, dass du auf deinen Wachmacher verzichten musst. In Stuttgart gibt es einige gute Adressen für den Kaffee auf die Hand und den Espresso für Zwischendurch – fernab von Franchise und Einheitsketten.

Den wohl besten Espresso und Cappuccino Stuttgarts bekommst du in der gemütlichen **Caffè-Bar Fleck & Schneck** (Torstr. 27). Du kannst ihn entweder mitnehmen oder dir den Koffeinkick gleich vor Ort genehmigen – an einem der Stehtische in der kleinen Bar. Dazu gibt's hausgemachte, deftige Tra-

mezzini und süße Pasticcini. Perfekt für die schnelle Mittagspause oder den kleinen Snack zwischendurch. www.caffe-bar.com

endlich **Stuttgart** endlich

endlich **Stuttgart**

In der Espresso-Bar **Herbertz** (Immenhofer Str. 13) bleibst du nicht lange allein. Die Bar mit dem frisch gerösteten Kaffee aus der großen Messing-Kaffeemaschine hat sich zum Heusteiger In-Treff entwickelt. In Seminaren vermittelt der Inhaber persönlich alles Wissenswerte zur Kaffeekultur. www.facebook.com/Herbertz.Espresso

Im **1 Strich 1** (Am Weißenhof 1) vor der Kunstakademie gibt's Espresso, Toasts, Rührei, und Cornetti a Crema. Ausflügler speisen in netter Atmosphäre, die Kunststudenten holen sich vor der ersten Vorlesung den Coffee to go. www.1strich1.de

Café Lilly's (Rotebühlstr. 44): Morgens bekommst du am Tresen Eierfrühstück und Croissants zum Kaffee, nachmittags warme Sandwichs und Salate. In der Mittagspause kannst du dich für einen kurzen Zwischenstopp auf den Barhockern niederlassen oder dir die Heiß- und Kaffeegetränke, Frappés und Panini für unterwegs einpacken lassen. www.cafe-lillys.de

Bier

In Stuttgart wird viel gefeiert. Und was wird in den Festzelten am liebsten konsumiert? Das eigene Bier natürlich! Wie praktisch, dass Stuttgart da so eine große Auswahl an Brauhäusern und regionalen Bieren bietet. Vor Ort gibt es beides: Große Traditionsbrauereien und kleine Brauhäuser mit eigenem Charme.

Mit dem **Stuttgarter Hofbräu** (Böblinger Str. 104-132) liegt im Stadtteil Heslach eine der größten Brauereien Baden-Württembergs. Pilsner, Export, Radler, alkoholfreies Bier und Malteser Weißbier werden hier gebraut – und auf den Stuttgarter Volksfesten ist die Brauerei immer mit einem großen Festzelt vertreten. Jeden Dienstag, Mittwoch und Donnerstag kannst du an einer Brauereiführung teilnehmen. www.stuttgarter-hofbraeu.de

Den anderen großen Namen in der Region, **Dinkelacker-Schwaben Bräu** (Tübinger Str. 46), lieben Studenten für ihr Hefeweizen, Kellerpils und natürlich fürs Wulle aus der praktischen Bügelflasche. Auf der Homepage kannst du Führungen durch die Privatbrauerei buchen. www.privatbrauerei-stuttgart.de

Ganz persönlich geht es bei den kleinen Bierherstellern zu: Das **Brauhaus Calwer-Eck** (Calwer Str. 31) entstand als erste Privatbrauerei der Stadt. Hier bekommst du das Bier im 0,2-Liter-Glas, damit es immer schön frisch ist. Die Kellner schenken nach, bis du deinen Bierdeckel auf das Glas legst – also pass auf, dass du die Kurve kriegst! www.brauhaus-calwereck.de

Sophie's Brauhaus (Marienstr. 28) hat verschiedene hauseigene Biere und einen Bierschnaps auf der Karte. Zu den wöchentlichen Specials gehören unter anderem Sophie's Brezelfest montags, der Bayerische Abend jeden Mittwoch und die American Night donnerstags. www.sophies-brauhaus.de

Die kleine Spezialitätenbrauerei **Cast Brauerei** (Schlosserstr. 20/1) ergänzt die Stuttgarter Biervielfalt durch außergewöhnliche Sorten wie California Ale, India Pale Ale und das Stuttgarter Rogg. Praktisch: Das Bierometer auf der Webseite zeigt dir an, welches Bier gerade auf Lager ist: www.cast-brauerei.com

endlich **Stuttgart** endlich

endlich **Stuttgart**

Bier-Kneipen und Bars

Food and Drinks and Rock 'n' Roll bekommst du im **Bonnie & Cly-de** (Heinrich-Baumann-Str. 24). In der authentischen Punk-/Rockabilly-Kneipe lernst du immer nette Leute kennen und wirst von den Inhabern gut bekocht. Es gibt den berühmten Bonnie-Burger, Bier und Tischkicker, eine Dartscheibe, Indie-Musik und eine Raucherecke – was will man mehr? www.bonnieandclyde-stuttgart.de

Du willst originale Irish-Pub-Tradition erleben? Dann bist du in **The Auld Rogue** (Hauptstr. 57) genau richtig. Dort empfängt dich nämlich eine echte irische Familie mit Guinness, Ale und Whisky. Dazu gibt es irische Küche, Sunday Roast, Studenten-Abende mit Spezialpreisen und die berühmte Quiznacht zum Mitraten. www.theauldrogue.com

WG-Party-Feeling trifft auf Kneipen-Charme: In einer ehemaligen Wohnung in der Steinstraße hat sich die Studentenbar **1. Stock** (Steinstr. 13) etabliert. Zwischen Couchgarnitur und Dusche kannst du richtig gut versacken. Besonders beliebt sind die kleinen Konzerte mit Wohnzimmer-Atmosphäre, sonst läuft meist Electro. Einzige Mankos: Die Bar platzt leicht aus allen Nähten und ist erst ab Donnerstag geöffnet. www.facebook.com/1.stock.stuttgart

Ihren Namen hat die **Super Schankstelle** (Jägerstr. 19) daher, dass sie mal eine Tankstelle war. Schon von außen sieht sie ziemlich cool und stylisch aus. Innen trinkst du dein Bier dann in der ehemaligen Waschstraße. www.superschanke.de

Das **Mata Hari** (Geißstr. 3) ist eine gemütliche Studentenkneipe mit guten Preisen und einer großen Bier-Auswahl. Die Einrichtung sieht

ganz bewusst etwas heruntergekommen aus, die DJs legen gute Platten auf und an der Theke kannst du dir Gesellschaftsspiele ausleihen. Da es nicht so viele Tische gibt, kommen die Gäste hier umso leichter ins Gespräch. Nur am Wochenende ist die Musik eigentlich zu laut zum Quatschen, dann ist nämlich Party angesagt. www.facebook.com/matahari0711

Pummelige Engel, barocker Kitsch und romantisches Kerzenlicht – in der preisgekrönten Kneipe **Ruben's** (Geißstr. 13) lassen sich entspannte Abende verbringen. Auf zwei Etagen tummeln sich Businessleute, Partypeople und Paradiesvögel. Die Kellner sind superfreundlich. Zu Fassbier oder Cocktail gibt's Burger, Fingerfood und schwäbische Küche. www.rubens-home.de

Kap Tormentoso (Hirschstr. 27) bietet allen, die hier stranden, Hipster-taugliches, beinahe authentisches Seefahrerfeeling und eine abwechslungsreiche Bierkarte mit einige Raritäten, die man anderswo so nicht bekommt. Aus der Kombüse wirst du dazu mit Pasta und Co. versorgt. Im Unterge-

schoss gibt's am Wochenende Konzerte oder House und Hip Hop vom Plattenteller. www.kap-tormentoso.de

Der **Rohbau** (Theodor-Heuss-Str. 26) wurde vom Waffengeschäft zur Bar umfunktioniert. In minimalistischem Chic und mit einer goldenen Theke überzeugt er vor allem etwas ältere Semester, die am späten Abend, wenn die Bar zum Club mutiert, zu 80er-Jahre-Musik tanzen. www.rohbau-stuttgart.de

endlich   Stuttgart   endlich

endlich   Stuttgart

Lange Tische, ein altes Klavier und eine sehr ausführliche Getränke-karte erwarten dich im **Ackermanns** (Bebelstr. 20). Hier wird mehr geboten als das tägliche Pils vom Fass – nämlich immer aktuell ein Bier des Monats und eine Whiskey-Empfehlung. Und Fußball gucken kannst du im Ackermanns auch. www.ackermanns.de

Wie kommt man eigentlich darauf, ein ehemaliges Toilettenhäus-chen zur Bar umzubauen? Der Plan hat jedenfalls funktioniert! Seit den 90er Jahren ist der **Palast der Republik** (Friedrichstr. 27) einer der Kult-Orte Stuttgarts. Innen sitzen ist nicht, deshalb hocken die Gäste in lauen Sommernächten einfach vor dem Häuschen und ver-wandeln die Straße in den vielleicht kommunikativsten Ort der Stadt. www.facebook.com/PalastStuttgart

Biergärten

Wie der Name des **Aussichtsreichs** (Auerbachstr. 182) es bereits andeutet, bietet dieser Biergarten einen tollen Ausblick, nämlich von der Anhöhe Burgholzhof über das Neckartal bis zum Remstal. Da schmecken guter Wein und kühles Bier besonders gut.
www.dasaussichtsreich.de

Der **Neckarbiergarten** (Überkinger Str. 14) liegt tatsächlich direkt am Neckar, in der Nähe der Rosensteinbrücke. Hier laden schattige Platanen zu einem gemütlichen Biergartennachmittag ein. Jeden Sonntag gibt es ein traditionelles Weißwurstfrühstück.
www.neckarbiergarten.de

Der große **Biergarten im Schlossgarten** (Am Schlossgarten 18) bie-tet alles, was das Schwabenherz begehrt: Frühschoppen oder Kaf-fee und Kuchen, die günstige „Schnitzeljagd" am Mittwoch, einen großen Spielplatz für die Kleinen, Public Viewing und Livemusik. Du sitzt hier wirklich im Grünen – da stört selbst der Bauzaun von Stuttgart 21 direkt nebenan kaum.
www.biergarten-schlossgarten.de

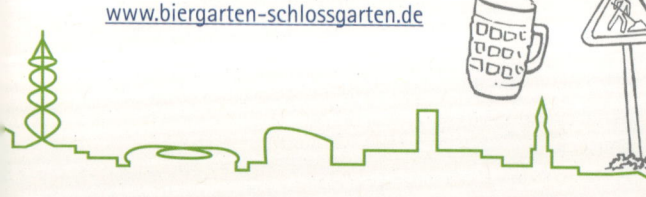

Ruhiger und idyllischer geht es im **Biergarten Waldheim Heslach** (Dachswaldweg 180) zu. Jeder Tag ist hier einer anderen herzhaften Köstlichkeit gewidmet – Grilltag, Fischtag, Maultaschentag – für die vielfältigen Maultaschenkreationen gibt es sogar eine eigene Speisekarte! www.waldheim-heslach.de

Ein Geheimtipp! Mitten in einer Schrebergartenanlage liegt der lauschige **Biergarten Friedrichsruh** (In den Stubenweinbergen 1). Der Anstieg über einen steilen Waldweg ist nicht ganz unanstrengend, wird aber durch ein kühles Bier und einen wunderbaren Ausblick belohnt. Einmal im Jahr findet hier an einem Sommerabend das Open-Air-Konzert „Woodstöckle" statt.
www.wirtshaus-friedrichsruh.de

Wein

Stuttgart ist die deutsche Wein-Großstadt und Heimat zahlreicher preisgekrönter Weine. Wie es in Württemberg Tradition ist, wird vornehmlich Rotwein angebaut: **Trollinger**, **Spätburgunder** und **Dornfelder**. In den vergangenen Jahren kamen vermehrt Merlot und Cabernet Sauvignon hinzu. Unter den weißen Sorten wird der **Riesling** bevorzugt. Aber auch Müller-Thurgau, Silvaner, Kerner und Weißburgunder werden in und um Stuttgart kultiviert.

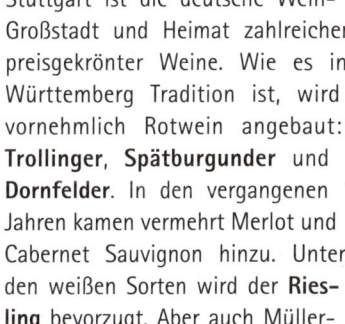

Die schwäbische Alternative zu Champagner? **kessler Sekt!** Seit 1826 gibt es die älteste Sektkellerei Deutschlands schon und das unweit von Stuttgart, im mittelalterlichen Esslingen. Merke: Der (Neu-)Schwabe führt stets ein Fläschchen mit sich, denn die schönen Flaschen sind ein gern gesehenes Mitbringsel. www.kessler-sekt.de

Mehrere regionale Winzer haben sich zur **Weingärtner Bad Cannstatt eG** und zur **Weingärtnergenossenschaft Hedelfingen eG**

endlich Stuttgart endlich

endlich Stuttgart

zusammengeschlossen. Zu den Keltereien des **Collegium Wirtemberg** gesellen sich zudem zahlreiche familienbetriebene Weingüter.

Sogar die Stadt Stuttgart betreibt ihr eigenes **städtisches Weingut**, das u.a. auf dem Hasenberg, der Karlshöhe und der Weinsteige Weinberge bewirtschaftet. Die guten Tropfen kannst du dann abgefüllt in der **Verkaufsstelle** in Bad Cannstatt (Sulzerrainstr. 24) probieren und erstehen. www.stuttgart.de/weingut

Außerdem laden idyllische Wanderwege zur Erkundung der Weingegend ein. Die ansässigen Weinhöfe und -stuben bieten regelmäßig Verkostungen in den Weinbergen oder Gewölbekellern an.

Weinstuben

Im wieder aufgebauten Schellenturm, der im 16. Jahrhundert Teil der Stadtmauer war, befindet sich heute die gemütliche **Weinstube Schellenturm** (Weberstr. 72). Zu den zahlreichen baden-württembergischen Weinen kannst du schwäbische Küche genießen. Im Sommer wird im Garten der Grill angeschmissen. www.weinstube-schellenturm.de

Stuttgarts älteste Weinstube besticht mit Holztäfelung, Kachelofen und einer ausführlichen Weinkarte. Seit 180 Jahren gehen in der **Weinstube Zur Kiste** (Kanalstr. 2) Handwerker, Politiker, Künstler und Studenten ein und aus – und diese lange Vergangenheit spürst du auch, wenn du „die Kiste" betrittst. www.zur-kiste.de

Das schwäbische Spezialitätenrestaurant **Stuttgarter Stäffele** (Buschlestr. 2a/b) wurde nach den vielen, vielen Treppchen aus der Zeit der ersten Weinbauern benannt. Besonders interessant: Im Gewölbekeller kannst du eine große Auswahl Württembergischer Weine in einer außergewöhnlichen Atmosphäre genießen und im Raritätenkabinett führen dich professionelle Sommeliers durch die Vielfalt der Weine. www.staeffele.de

Mehr als 40 offene Weine kannst du in der **Weinstube Stetter** (Rosenstr. 32) probieren. Hier findest du teure Tropfen, aber auch günstige Qualitätsweine für den Alltag. Zur Weinstube gehört ein Weinhandel, in dem du die Wahl zwischen 600 Weinsorten hast.

Weinhandlungen

Der Feinschmecker-Guide hat die **Weinhandlung Bronner** (Wolframstr. 20) schon zum besten Weinhändler Baden-Württembergs gekürt. Hier wirst du nicht zwischen Tür und Angel abgespeist, sondern ganz individuell von Weinliebhabern beraten. Die Auswahl reicht vom Alltags- bis zum prämierten Spitzenwein. www.bronner.de

Der Inhaber der **Weinhandlung Kreis** (Dorotheenstr. 2) führt selbst einen Bio-Weinberg am Degerlocher Schnarrenberg und ist damit Experte für den edlen Tropfen. In seiner Weinhandlung baut er auf Individualität statt Massenware. Auf Weinseminaren und Verkostungen kannst du auf Entdeckungsreise gehen und den besonderen Geschmack selbst ergründen. www.wein-kreis.de

14 Weinhändler aus Deutschland haben sich zum Kollektiv **Wein-Musketier** (Julius-Hölder-Str. 29b) zusammengeschlossen – einen von ihnen findest du in Stuttgart. Dort erhältst du Weine aus Italien, Spanien, Frankreich und Deutschland. Auf Reisen und Messen machen die Musketiere immer neue, besondere Tropfen ausfindig, die du dann im Laden oder auf einem der Events im Haus probieren kannst. www.weinmusketier-stuttgart.de

endlich   Stuttgart   endlich

endlich   Stuttgart

Weinwanderungen und Weinproben

Acht **Weinwanderwege** führen durch die hügelige Reblandschaft der Stuttgarter Region. Folge den Panoramawegen direkt aus der Stadtmitte nach Degerloch oder vom Max-Eyth-See nach Mönchfeld, genieße den Ausblick, den Wein und das Vesper in einer der zahlreichen Besenwirtschaften. www.stuttgart-tourist.de
--> Entdecken --> verführerisch--> Weinregion Stuttgart
   --> Weinwanderwege und -touren

Seit einigen Jahren findet immer im September die **Stuttgarter Wein-Safari** statt. Für ein Wochenende kannst du mit dem Wein-Safari-Bus durch die schönen Weinberge fahren, eine große Auswahl an Weinen probieren und dich aus der Besenküche verköstigen lassen. Der Höhepunkt des Abends: Die Safari bei einem Sundowner in einem der Weinhöfe ausklingen lassen.
www.stuttgarter-weinviertel.de --> wandern & erleben
                                    --> Wein-Safari

Cocktails & Longdrinks

Manchmal muss es das Hochprozentige sein! Ein sommerlicher Cocktailabend mit Freunden, das Whiskey-Tasting zum Junggesellenabschied oder der melancholisch-einsame Abend an der Theke. Hier kommen Stuttgarts beste Adressen:

Statt schriller Drinks mit Partyschirmchen erwartet dich in der **Bar** (Augustenstr. 81) eine eher gemütliche Atmosphäre. Unter fachkundiger Beratung kannst du hochwertige Cocktails, Whiskey und Rum bestellen. Jeden Sonntag spielt Livemusik und regelmäßig finden Seminare und Tastings statt. www.bar-stuttgart.com

Cocktails und Rumsorten aus der Karibik gibt es in der **Cibao Bar** (Rotebühlplatz 10). Auch die Tapas und Cheese-Nachos sind sehr zu empfehlen. Dazu vielleicht eine handgedrehte Zigarre?
www.facebook.com --> Cibao Stuttgart

In orientalischem Ambiente kannst du im **Ciba Mato** (Wilhelmsplatz 11) den Bartendern beim Cocktailmixen zusehen und dir auch eigene Wunsch-Drinks zubereiten lassen. In der Lounge warten gemütliche Kissen und Shisha-Pfeifen auf dich. www.ciba-mato.de

Das **Pier 51** (Löffelstr. 22-24) ist ein Restaurant im Hafen-Stil. An der klassischen Big-City-Bar werden mehr als 100 Cocktails, Longdrinks und guter Whiskey serviert. Auf der Gartenterrasse hinter dem Pier 51 kannst du einen lauschigen Abend mit dem oder der Liebsten verbringen. www.pier51-stuttgart.de

Darf es auch mal etwas mainstreamiger sein? Im **Sky Beach** (Königstr. 6) über den Dächern der Stadt gibt es zwar nicht die edelsten Cocktails, dafür aber die schönsten Sommergefühle. In der Strandbar auf dem oberen Parkdeck der Galeria Kaufhof stehen tagsüber Liegestühle zum Sonnen bereit, nachts ist Partytime angesagt. Sand und Palmen inklusive!
www.skybeach.de

endlich **Stuttgart** **endlich**

endlich **Stuttgart**

Grillen
Biergarten
Biergarten

Badesee
Badesee
Badesee
Eis
Grillen

Sommer!

Es ist
Sommer!

Sommer! *endlich*

Kicken

Kicken

Grillen Grillen

Badesee

Badesee Grillen

Biergarten Grillen Grille

Biergarten *endlich*

Biergarten

Bei strahlendem Sonnenschein und tropischen Temperaturen zum Dahinschmelzen entfaltet Stuttgart ein fast südländisches Flair. Alle zieht es nach draußen, um in den vielen Parks und Straßencafés gemütlich beisammen zu sitzen, um zu flanieren, zu wandern, im Freien Sport zu machen oder bei all der Hitze einfach nur nach einer erfrischenden Abkühlung zu suchen.

Eis

Wenn im Innenstadt-Kessel die Luft vor Hitze flimmert, lassen sich die Tage nur mit einem kühlenden Eis überstehen. Am dichtesten tummeln sich die Eisdielen in den Fußgängerzonen der Innenstadt und der Vororte. Hier ein paar Vorschläge, welche Eisdielen du für eine richtig leckere Abkühlung ansteuern solltest:

Die **Gelateria Kaiserbau** (Marienplatz 14), direkt neben dem Café Kaiserbau, hat nicht nur schnödes Schoko- und Vanilleeis, sondern glänzt vor allem mit ihren einfallsreichen Geschmacksrichtungen wie z.B. Basilikum, Fleur de Sel-Karamell, Rhabarber-Gin oder Papaya. Außerdem gibt es großartigen Frozen Yogurt, den sie hier übrigens mit selbstgemachtem Kompott zubereiten. Absolute Suchtgefahr! www.facebook.com --> Gelateria Kaiserbau

Das Erfolgsrezept des **Eiscafés Santin** (Stammhaus: Büchsenstr. 8/10; Calwerstr. 56 sowie Löffelstr. 3-7)? Vielleicht die Tradition seiner cremigen Eis-Köstlichkeiten, die bis ins Jahr 1902 zurückreicht. Ob für die Waffeltüte oder einen der großen und schön dekorierten Eisbecher aus der Karte: Das feine Eis wird täglich frisch zubereitet und die Auswahl an Sorten ist riesig.

Wer vor Hitze schon an der Couch festklebt oder seine Gäste zu Hause eiskalt mit original italienischem Eis bewirten will, kann übrigens den Lieferservice rufen!
www.taxieis-santin.de

Das köstliche Eis im **Old Bridge** (Bolzstr. 10; Eberhardstr. 31) wird nach original italienischem Rezept hergestellt. In den zwei Filialen bekommst du 36 immer mal wechselnde Sorten, die das Thekenpersonal kunstvoll mit dem Spachtel in den Becher oder die Waffel befördert. Lass dir das himmlische Pistazieneis nicht entgehen! Leider muss man hier zweimal anstehen: erst fürs Bezahlen und dann fürs Eis. Aber das Warten lohnt sich. www.oldbridge-gelateria.de

Das **Eiscafé Bertazzoni** (Ostendstr. 84) reiht sich ebenfalls in die Riege der traditionellen italienischen Eiscafés ein. Aber man geht auch mit der Zeit: Die Fruchteissorten sind vegan und es gibt einige glutenfreie Sorten. Die Karte bietet Fans bunter Eisbecher vom klassischen Spaghetti-Eis bis zum ausgefalleneren Hawaii-Becher eine Menge Auswahl. www.bertazzoni-eis.de

Flori & Palma (Senefelderstr. 109) tut sich durch die riesige Auswahl von mehr als 50 selbstgemachten Sorten hervor. Da fällt die Auswahl schwer: Lieber eine der kreativen Geschmacksrichtungen wie Zitrone-Basilikum und Barolo-Rotweineis oder die volle Dosis Schoko mit Cremroscé und Snickers? www.floriandpalma.de

Das **Eis-Bistro Pinguin** (Eugensplatz 2a) am Eugensplatz ist wohl die Eisdiele mit dem besten Ausblick über Stuttgart. Mit deiner kalten Beute kannst du auf dem Platz schön sonnig sitzen und schlecken oder aber drinnen im kultigen Salon mit Retro-Optik über deinen Eisbecher herfallen. Unter den 26 Eissorten sind immer wieder neue Kreationen wie Tonkabohne oder Blutorange, aber auch in ganz Stuttgart beliebte Klassiker wie das Mercedes-Eis, ein Mandeleis mit Schokosplittern. www.eis-bistro-pinguin.de

endlich **Stuttgart** endlich

endlich **Stuttgart**

Plantschen, Baden und Schwimmen

Freibäder

Bei 30 Grad und mehr hilft manchmal nur noch ein Sprung ins kalte Nass. Zum Glück hast du hier in Stuttgart zahlreiche Möglichkeiten dazu, denn an den sonnigsten Stellen der Stadt liegen einige gepflegte Freibäder, die miteinander darum wetteifern, welches die längste Rutsche und die schönsten Extras bietet. Sie alle haben während der Badesaison sieben Tage pro Woche geöffnet.

Das **Höhenfreibad Killesberg** (Beim Höhenfreibad 37) liegt idyllisch mitten im schönen Höhenpark Killesberg und hat damit natürlich schon einmal die perfekte Lage. Da braucht es gar nicht so viele actionreiche Extras, um einen herrlichen Tag im Wasser zu verbringen. Das 50 x 22 m große Mehrzweckbecken mit Sprungbettern und einem 4,5 m hohen Sprungturm für besonders Mutige, ein extra Nichtschwimmerbecken und ein Plantschbecken sowie Tischtennisplatten und Plätze für Beachvolleyball und andere Ballspiele reichen da völlig aus.

Das **Freibad Möhringen** (Hechinger Str. 112) liegt am Ortsrand von Möhringen. Es öffnet dank seiner beheizten Wärmehalle mit Schwimmkanal nach draußen jedes Jahr als eines der ersten Freibäder Stuttgarts und schließt als letztes. Wenn du keine Lust mehr aufs Plantschen im 50 x 21 m großen Becken hast, kannst du dich in der Sportanlage bei Fußball, Basketball, Beachvolleyball, Tischtennis, usw. verausgaben. Und für alle, denen es selbst in Badehose und Bikini zu heiß ist, gibt es hier auch eine spezielle FKK-Wiese.

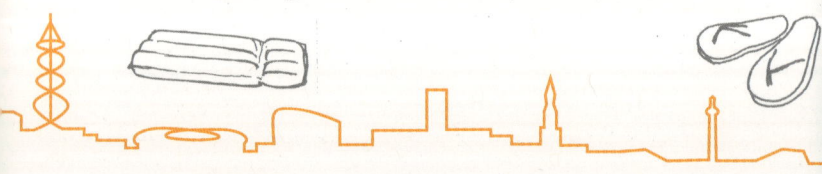

Das **Freibad Rosental** (Rosentalstr. 21) in Vaihingen verfügt über ein 50-Meter-Becken, ein 1.400 m² großes Nichtschwimmerbecken, Sprungtürme und ein Plantschbecken. Ist dir Schwimmen noch nicht genug Sport, kannst du dich zusätzlich an Beachvolleyball, Basketball, Tischtennis, Freischach und Fußball probieren. Hier lädt ebenfalls eine separate FKK-Wiese zum streifenfreien Bräunen und Entspannen ein. Die 100 m lange Rutsche ist die längste Stuttgarts und lässt nicht nur Kinder große Augen machen.

Das **Freibad Sillenbuch** (Trossinger Str. 2a) oben auf der Höhe, ist mit drei kleinen Schwimmbecken (davon zwei für Kinder, das Mehr-zweckbecken hat zwei 25-Meter-Bahnen), vergleichsweise über-schaubar und wird auch liebevoll „Bädle" genannt. Hier geht es ent-sprechend gemütlich zu, denn riesige Rutschen und Sprungtürme, Beachvolleyballfelder oder Ähnliches gibt es nicht. Ideal für alle, die einfach nur im Wasser und auf der Liegewiese entspannen wollen.

Das **Inselbad Untertürkheim** direkt am Neckar (Inselbad 4) erfüllt als Sportbad die inter-nationalen Wettkampfbe-stimmungen und besitzt als einziges Stuttgarter Freibad einen 10-Meter-Turm. Es gibt insgesamt fünf Becken: Sport- und Springerbecken, Familien- und Plantschbe-cken und ein Schwimmbecken im FKK-Bereich. Zur Abfahrt laden die 90-Meter-Wasserrutsche und die 12-Meter-Breitrutsche ein. Und du kannst Beachvolleyball, Tischtennis, Basket- und Streetball spielen. FKK-Fans kriegen nicht nur ein separates Becken mit Son-nenwiese, sondern auch eigene Duschen und WC-Anlagen geboten.

Die Adressen und Öffnungszeiten der städtischen Freibäder findest du hier: www.stuttgart.de/baeder --> Freibäder

Zusätzlich gibt es noch drei Vereinsbäder, die von jedem genutzt werden dürfen:

Der **ASV-Quell** (Furtwänglerstr. 122), das kleine Freibad des ASV Botnang, bietet ein Becken mit 25-Meter-Bahnen für die Erwachsenen und ein extra Kinderbecken, die beide mit Quellwasser befüllt sind. Ein Highlight ist die 23 m lange Rutsche. Außerdem kannst du hier auch Tischtennis, Fußball oder Beachvolleyball spielen. www.asv-botnang.de --> Freibad

In derselben Straße liegt das **Freibad des MTV Stuttgart** (Furtwänglerstr. 145-147) mit einem zwar verhältnismäßig kleinen Schwimm-, dafür aber großen Sportbereich. Dazu gehören Spielfelder für Basketball, Beachvolleyball und Fußball sowie eine Kletteranlage. www.mtv-stuttgart.de --> Programm --> Freibad

Das **Freibad Zuffenhausen** (Hirschsprungallee 12) wird vom SSV Zuffenhausen betrieben und hat vier Becken: eins für Schwimmer, ein Nichtschwimmer-, ein Kinder- und ein Plantschbecken. Die Liegewiese ist sonnig, es gibt zwei Beachvolleyballplätze, einen Hart- und einen Rasenplatz sowie Tischtennisplatten. Für die Erfrischung zwischendurch sorgt ein Kiosk. www.ssv-zuffenhausen.de --> Freibad

Baden in freier Wildbahn

In Stuttgart kann man nur in den Freibädern baden. Darum sind sie vermutlich so zahlreich und gut besucht. Schwimmen im Neckar ist nicht erlaubt, denn er ist als Nutzgewässer ausschließlich Lastkähnen und Ausflugsschiffen vorbehalten. Auch deine Gesundheit wird es dir danken, wenn du auf den Sprung in den Fluss verzichtest, denn das Wasser hat offiziell keine Badequalität.

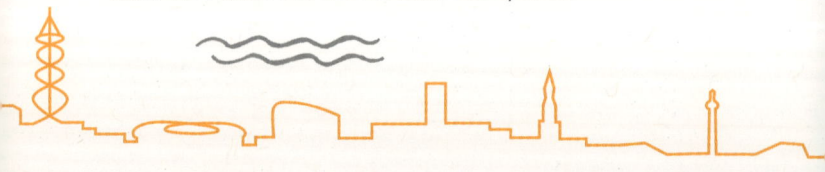

Suchst du beim Schwimmen trotzdem etwas natürlicheres Feeling fernab von gekachelten Freibadbecken, solltest du einen Ausflug zu einem der Badeseen in Stuttgarts Umgebung unternehmen.

Der beliebte **Badesee Plüderhausen** (Wilhelm-Bahmüller-Str., 73655 Plüderhausen) ist 3,7 ha groß, bis zu 3,5 m tief und etwa 35 km von Stuttgart entfernt. Der Baggersee hat teilweise steile Ufer, aber auch abgetrennte Nichtschwimmer- und Angelbereiche. Von der Schwimminsel in der Mitte des Sees hast du beim Pausieren einen super Überblick über den See. Die Liegewiesen bieten dank der Bäume einige Schattenplätze und es gibt einen eigenen FKK-Bereich. Kiosk, Umkleidekabinen und WC sorgen für Rundumversorgung. www.badesee-plueederhausen.de

Der nur ca. 0,5 ha große **Bissinger See** (Seestr. 3, 73266 Bissingen an der Teck) ist etwa 40 km von Stuttgart entfernt und liegt schön zwischen dem historischen Ort Bissingen und dem Naturschutzgebiet Eichhalde im Landkreis Esslingen. Im Vergleich zu anderen Seen in der Umgebung zählt er fast noch zu den Geheimtipps. Neben einer schönen grünen Liegewiese gibt es einen Beachvolleyballplatz sowie einen Flachwasserbereich für Kinder. Die Gegend um den See lädt außerdem zu Streifzügen und kleinen Wanderungen ein. www.freizeit-esslingen.de

--> Sport --> Im Sommer
--> Badespass --> Bissinger See

Ebenfalls knapp 40 km von Stuttgart entfernt liegen der **Untere** und **Obere Seewaldsee** (gemeinsam 4,5 ha groß) im bewaldeten Horrheim (Seewaldseen Horrheim, 71665 Vaihingen/Enz). Hier kannst du Baden und Grillen verbinden, denn ganz in der Nähe liegt ein Grillplatz, also Kühltasche mit Grillgut und Getränken nicht vergessen!

Soweit die Highlights, aber rund um Stuttgart gibt es noch mehr Badeseen! Infos dazu findest du in der von der Stadt Stuttgart herausgegebenen **Badesee-Liste**: www.stuttgart.de

--> Sport --> Sportstätten --> Bäder in Stuttgart
--> Badeseen in der Umgebung von Stuttgart

endlich | Stuttgart | endlich

endlich

Stuttgart

Spiel & Spaß

Im Sommer ist Bewegung im Freien einfach das Größte. Und sportlich bekommst du in Stuttgart alles geboten, was dein Herz begehrt: Egal ob Tennis oder Wandern, Minigolf oder Fußball, es gibt stets ein großes Angebot.

Weil man bei der Vielfalt schnell den Überblick verliert, kommen hier die schönsten, zentralsten oder außergewöhnlichsten Tipps.

Beachvolleyball

Lust auf Beachvolleyball? Den sommerlichen Gute-Laune-Sport mit gratis Strandfeeling kannst du in Stuttgart nicht nur in den oben genannten **Freibädern** (einzige Ausnahme: Freibad Sillenbuch) betreiben. Auch anderenorts trifft man sich bei steigenden Temperaturen, um lässig zu pritschen und zu baggern.

Die **Sportvereinigung Feuerbach** (Triebweg 85) vermietet im Sommer gerne die beiden im Freien liegenden Beachvolleyballfelder ihres Vitadroms. Schnell genügend Freunde zusammentrommeln und einfach mal anfragen: www.sportvg-feuerbach.de
--> Vitadrom
--> Beachvolleyball

In Bad Cannstatt wird am Neckar jedes Frühjahr auf 800 m² Sand aufgeschüttet. Dann entsteht der **Stadtstrand** (Schönestr., am Neckarufer gegenüber der Wilhelma), der auch ein Spielfeld für alle Beachvolleyball-Süchtigen parat hat. Da musst du sicherlich nicht lange auf Mitspieler warten. Wenn du nach einem schweißtreiben-

den Match eine Verschnaufpause brauchst, kannst du mit einer kühlen Limo in der Hand auf den Liegestühlen relaxen. www.stadtstrand.com

Hoch hinaus geht's zum Beachvolleyball-Platz auf der **Karlshöhe** (Humboldtstr.), der zwar etwas versteckt, dafür aber angenehm schattig und idyllisch unter uralten Bäumen liegt. Hier ist das Spielen außerdem kostenlos.

Fußball

Fußball wird in der schwäbischen Metropole natürlich nicht nur beim VfB Stuttgart professionell gespielt; auch eine Menge Freizeitkicker toben sich regelmäßig mit dem Leder am Fuß aus. Willst du einfach nur bolzen oder suchst du wirklich die Herausforderung?

Die **Stadtliga Stuttgart** organisiert die Freizeitliga. Über die Homepage findest du Fotos, Infos und die Kontaktadressen aller teilnehmenden Mannschaften. Vielleicht ist dein neuer Verein ja auch dabei? www.stadtliga-stuttgart.de

Der **Turbo-Super Stuttgart e.V.** freut sich jederzeit über neue Freizeitspieler, auch über solche, die nur wenige Monate in der Stadt wohnen. www.turbo-super.de

Ganz spontan und ohne Verein wird in Stuttgart sehr oft auf den folgenden Plätzen gekickt:

Ein kleines Kunstrasen-Feld für Spiele 5 gegen 5 liegt im Stadtzentrum zwischen **Brenner-** und **Wagnerstraße**.

endlich Stuttgart endlich
endlich Stuttgart

Ein ebenso kleines Kunstrasen-Feld, das allerdings auch Sitze am Rand bietet, findest du im Westen der Stadt in der **Gutbrodstraße**.

Ein Gummiplatz für Teams 5 gegen 5 liegt im Norden Stuttgarts an der Ecke **Nordbahnhofstraße/Schlierholzweg**.

Und auf echtem Rasen kickst du im Grünen im **Schlossgarten** (Unterer Schlossgarten), wo du sicher nicht lange nach Mitspielern Ausschau halten musst.

Inline-Skaten

Tja, die Stadt im Kessel ... Zum Inline-Skaten findest du in und um Stuttgart nur wenige ebene, asphaltierte Wege. Gut geeignet sind aber die Strecken am **Neckar** entlang oder auf der **Filderebene** (beispielsweise rund um Möhringen). Die vorhandenen Radwege bieten sich ebenfalls an – insbesondere der breite Neckartal-Rad-weg, auf dem Fahrräder, Wanderer und Skater problemlos gleichzeitig Platz finden.

siehe „Wandern & Radfahren", S. 122

Im Juni können sich Skater auch am **Stuttgart-Lauf** beteiligen. Auf einer Halbmarathonstrecke von 20,5 km geht es auf und ab, durch Kurven und über Straßenbahnschienen. Die Skater starten frühmorgens, vor den Läufern. Die Strecke ist nicht nur für Profis geeignet, sondern auch für Freizeitskater, die sicher bremsen können. Mehr dazu hier: www.stuttgart-lauf.de

Klettern

Stuttgart ist mit seinen vielen Hügeln und Bergen ein kleines Paradies für Wanderer, aber mit richtig handfesten Gebirgen für echte Outdoor-Kletterer kann die Stadt eher weniger aufwarten. Darum klettern die, die im Sommer keine Lust auf Halle haben, in Hochseilgärten oder auf anderen speziellen Geländen.

Sieben Tage Regenwetter? Kletterhallen findest du im Kapitel „Frostige Zeiten", S. 139.

Im **Waldklettergarten Zuffenhausen** (Hirschsprung-allee 5) kannst du durch acht verschiedene Parcours mit variierenden Schwierigkeitsstufen in bis zu 11 m Höhe kraxeln. Die hohen Bäumen spenden selbst an heißen Sommertagen angenehmen Schatten.

www.waldklettergarten-stuttgart.de --> Zuffenhausen

Ein außergewöhnliches Kletterobjekt ist der **Cannstatter Pfeiler** (gegenüber Hofener Str. 10). Der 18 m hohe Sandsteinpfeiler in Bad Cannstatt hat früher mal eine Eisenbahnbrücke getragen, heute bietet er geübten Kletter-Junkies mit 18 Routen im Schwierigkeitsgrad 6-7 die Gelegenheit, ihre Ausdauer zu trainieren. Für Kletteranfänger ist der Pfeiler allerdings ungeeignet.

www.alpenverein-stuttgart.de --> Kletteranlagen
--> Cannstatter Pfeiler

Über die Region hinaus bekannt sind die zerklüfteten **Hessigheimer Felsengärten** am Neckar, etwa 40 km von Stuttgart entfernt. Hier gibt es sowohl für Anfänger als auch für Fortgeschrittene genügend Klettermöglichkeiten. Die Neckarseite der Felsen ist für Kletterer aber gesperrt. Weitere Infos findest du hier: www.hessigheim.de

--> Tourismus
--> Felsengärten

Tennis

Tennis ist ein schöner Sommersport: Zuerst verausgabt man sich im schicken Tennisdress auf dem Platz und hinterher schaut man mit einem kühlen Getränk den anderen beim Spielen zu. In und um Stuttgart bekommen alle Gelegenheits-Tennisprofis sogar ganz ohne Vereinsmitgliedschaft die Möglichkeit, auf den gelben Ball einzudreschen.

endlich Stuttgart endlich
endlich Stuttgart

Der **Galileo Minigolf-Tennis-Park** (Galileistr. 20) hat drei Außenplätze, die du bequem online reservieren kannst.
www.minigolftennispark.de --> Tennis

Die Tennis-Anlage **Top Tennis** (Schönbergstr. 38, 73760 Ostfildern) im benachbarten Ostfildern vermietet ihre Plätze auch stundenweise, mit und ohne Trainer. Mehr Informationen und die Möglichkeit zur Online-Buchung findest du hier: www.toptennis-stuttgart.de

Der **Hochschulsport** der Universität bietet auf dem Uni-Campus in Vaihingen zwei Plätze: am Allmandring 28 und an der Keltenschanze im Pfaffenwaldring 11. Um sie zu benutzen, musst du dir eine Jahreskarte („Tenniscard") oder eine Gästekarte besorgen, die stundenweise gebucht werden kann. Super: Für die Gästekarte brauchst du nicht einmal Universitätsangehörige/r zu sein.
www.hochschulsport.uni-stuttgart.de

--> Sportspiele --> Tennis

Minigolf

Noch gemütlicher und bodenständiger geht es beim Minigolfen zu: Bewaffnet mit einem Eis und unter lauschigen Bäumen, gibt es kaum etwas, das auch bei größter Hitze noch so viel Spaß macht.

Unter alten Bäumen und auf neuen Bahnen spielst du in der Nähe des Kursaals in Bad Cannstatt auf der **Minigolfanlage im Kurpark** (Königsplatz 1). Es gehört auch ein Kiosk für die Erfrischung zwischendurch dazu und der Kurpark lädt nach dem Spiel ohnehin zu einem Bummel oder dem Relaxen im Biergarten oder Café des Parks ein. www.sbr-ggmbh.net --> Tätigkeitsbereiche --> Minigolfanlage am Kurpark

Die Anlage des **Stuttgarter Sportclubs** (Talstr. 210-212) liegt am Neckar, zwischen Mercedes-Teststrecke und Mercedes-Benz-Arena. Die Bahnen werden von einzelnen Bäumen beschattet. Schläger gibt es in der Gaststätte des Sportclubs.
www.stuttgartersc.de --> Minigolfanlage

Die Bahnen im **Galileo Minigolf-Tennis-Park** (Galileistr. 20) sind von Rasen und Bäumen umgeben; da bekommst du selbst bei größter Hitze keinen Sonnenstich. Stärken kannst du dich in der angeschlossenen Gaststube Galileo. www.minigolftennispark.de --> Minigolf

Mit erstklassigem Panoramablick spielst du auf der Anlage, die zur **Gaststätte Neckarblick** (Im Schleifrain 1) gehört. Wer nicht mit dem Auto kommt, muss bis zum Restaurant in idyllischer Lage eine kleine Wanderung auf sich nehmen und etwa 2 km dem Rössleweg bis zur Beschilderung des Lokals folgen. Aber das lohnt sich, denn hier oben von der Wangener Höhe hast du definitiv den besten Blick auf die Stadt. Und für den kräftezehrenden Marsch und die Minigolf-Partie kannst du dich ja mit einem deftigen Essen in der Gaststätte belohnen. www.neckarblick-stuttgart.de

--> Minigolf

Wassersport

Zwar liegt Stuttgart nicht am Meer, aber Wassersport-Fans sitzen auch hier im Süden nicht auf dem Trockenen, denn auf dem Neckar kann man z. B. immerhin rudern. Willst du es lernen oder suchst du ganz einfach Mitstreiter und einen Ort, an dem du Gleichgesinnte für dein Hobby findest? Dann schau doch mal beim **Stuttgart-Cannstatter Ruderclub** (Wagrainstr. 140) oder der **Stuttgarter Rudergesellschaft** (Inselstr. 147) vorbei.
www.stuttgart-cannstatter-ruderclub.de www.strg1899.de

Wenn du Lust auf eine Kanutour auf dem Neckar, der Enz oder auf dem Max-Eyth-See hast, bist du bei den **Zugvögeln** (u. a. Mühlhäuser Str. 309) an der richtigen Adresse. Du kannst die Gewässer entweder geführt oder auf eigene Faust erkunden.
www.diezugvoegel.de

endlich Stuttgart endlich
endlich Stuttgart

Und sogar segeln kann man in Stuttgart – nämlich im Norden der Stadt auf dem Max-Eyth-See. Dein Ansprechpartner hierfür ist der **SG Stern Stuttgart** (Fritz-Walter-Weg 19), mit dem du auch auf größere Segeltörns gehen kannst. www.sgstern-stuttgart.de

Das alles und noch viel mehr ...

Das Richtige war nicht dabei? Du stehst mehr auf Fallschirmspringen, Mountainbiken oder Reiten? Eine ganze Menge mehr Outdoor- und Sommer-Sport findest du im Angebot des **Hochschulsports**. Das darfst du übrigens nicht nur als Studentin oder Angehöriger der Hochschule nutzen, sondern gegen eine Gebühr auch als Externer. In sehr beliebten Kursen kann es für Gäste allerdings schwierig werden, einen Platz zu ergattern. www.hochschulsport.uni-stuttgart.de

--> Outdoor

Wandern & Radfahren

Wandern

Im Stuttgarter Stadtgebiet kann man erstaunlich gut wandern. Weinberge, Wälder, viele grüne Hügel und tiefe Schluchten laden zu Streifzügen ein. Hier mal ein paar Tipps für den Anfang:

Der **Neckarweg** entlang des Neckars eignet sich für alle Lauffreudigen, denn egal ob kurzer Spaziergang von Bad Cannstatt zum Max-Eyth-See oder ganztägige Wanderung: Die Landschaft ist idyllisch, die Strecke flach und nicht zu verfehlen. Ein guter Startpunkt ist die Wilhelma in Bad Cannstatt. In Entfernung einer Tagestour findest du einige sehenswerte Orte: neckaraufwärts Esslingen (13 km), neckarabwärts Ludwigsburg (14 km) und die Schillerstadt Marbach (19 km). Der Weg wird auch von Radfahrern benutzt, ist aber breit genug, damit das reibungslos funktioniert.

Der sehr gut ausgeschilderte **Rössleweg** ist mit einem gelbumrandeten Kreis und einem springenden Pferd in der Mitte markiert und führt ca. 54 km rund um Stuttgart, meist auf den Höhen. Und von dort hast du immer wieder tolle Aussichten auf die Stadt. Nur streckenweise führt der Weg durch Wohngebiete, ansonsten durch Feld und Wald, Obstgärten und an Bachläufen entlang. Es geht bergauf und bergab. Natürlich ist der Weg auch in Teilstrecken begehbar, da immer wieder Parkplätze und Bushaltestellen passiert werden. Der offizielle Startpunkt ist übrigens die Anlage an der Geroksruhe, an der gleichnamigen Straßenbahnhaltestelle.

Der **Jubiläumsweg** passiert die wichtigsten Sehenswürdigkeiten Stuttgarts auf einer 18,5 km langen Strecke von Nord nach Süd. Er beginnt im Norden in Mühlhausen und endet im Süden am Birkenkopf. Auch hier geht es steil bergauf und du kannst den Weg natürlich ebenfalls umgekehrt wandern. Gekennzeichnet wird auch er mit einem gelbumrandeten Kreis, in dem allerdings diesmal Birkenkopf, Fernsehturm und Neckar zu sehen sind.

> Wer der guten Ausschilderung alleine nicht vertraut: Eine Wanderkarte für diese Strecken gibt es für 2 Euro in der **Tourist Information i-Punkt** (Königstr. 1a) am Stuttgarter Hauptbahnhof.

Der **Blaustrümpflerweg** führt als Rundwanderweg auf 7,5 km zu den markanten Punkten des Stuttgarter Süd-Westens und schließt Fahrten mit Zahnradbahn und Standseilbahn mit ein. Er startet am Marienplatz, geht über die Karlshöhe, die Hasenbergsteige und den

endlich **Stuttgart** endlich

endlich **Stuttgart**

Hasenberg, und dann wieder abwärts zur Talstation der Seilbahn am Südheimer Platz. Auf die Seilbahnfahrt hinauf bis zum Waldfriedhof folgt eine Waldstrecke bis zur Zahnradbahn-Station Haigst. Von dort geht es mit der Zacke zurück in den Stuttgarter Kessel. Der Weg ist mit Schildern markiert, auf denen ein blauer Strumpf zu sehen ist und die steilsten Strecken darfst du auf dieser Wanderung zum Glück fahren.

Alle Fans des Rebensafts aufgepasst: Es gibt auch vier Weinwanderwege, die von Stuttgart aus in die **Weinberge** der Umgebung führen: www.stuttgart-tourist.de --> Entdecken --> Weinregion Stuttgar --> Weinwanderwege und -touren

Radfahren

Auch leidenschaftliche Radfahrer kommen in Stuttgart auf ihre Kosten: Die Radwanderstrecken sind prima ausgeschildert mit weißen Schildchen und grüner Schrift – auch im Stuttgarter Umland. Und von den flachen Pisten bis zur steilen Bergtour ist alles dabei. Im Stadtgebiet gibt es vier Radwanderwege:

Der insgesamt 366 km lange **Neckartal-Radweg** ist meistens eben und eignet sich damit prima für gemütliche Fahrradtouren entlang des Neckars. Wie beim Wandern am Neckar ist es auch hier ganz dir überlassen, wie lang oder kurz die Tour werden soll.

Links und rechts des Flusses reihen sich viele sehenswerte Städtchen aneinander. Bis zur Quelle in Schwenningen oder der Mündung in den Rhein in Mannheim radelst du dann allerdings weitaus mehr als nur eine Tagesstrecke. www.neckartalradweg-bw.de

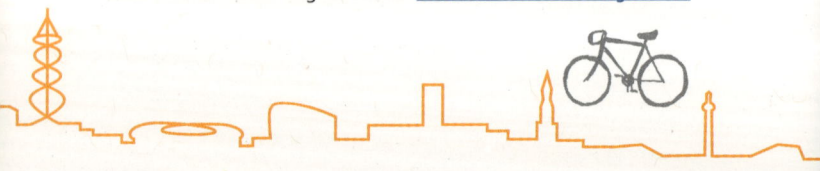

Der **Feuerbacher–Tal–Weg** beginnt in Botnang und folgt dem Feuerbach nach Norden durch den gleichnamigen Bezirk (in dem der Bach unterirdisch verläuft) durch Zuffenhausen bis Mühlhausen, wo der Feuerbach in den Neckar mündet. Der erste Teil führt durch den Wald, danach wird es abwechslungsreich mit Stadt und Feldern, auf und ab, was die 12 km lange Strecke anstrengend macht.

Der **Höhenrandweg** umrundet Stuttgart im Süden, auf der Höhe, von Botnang über Birkenkopf, Bärenseen, Büsnau, Vaihingen, Degerloch, Sillenbuch, Heumaden und Ostfildern. Bei dieser anspruchsvollen Waldtour trittst du etwa 24 km in die Pedale.

auf dem Birkenkopf

Weniger Idylle gefällig? Der **Tallängsweg** durchquert Stuttgart von Nord nach Süd, ab Fellbach über Bad Cannstatt, Schlosspark, Innenstadt, Heslach, Südheim und Kaltental, dann bergauf durch Vaihingen und schließlich ab in die Wälder. Die Strecke durch Stadt und Park ist bis Südheim leicht, ab Kaltental wird es dann steil. Länge von Fellbach bis Vaihingen: 18 km.

Sommer, Sonne, Grillduft!

Viele sehnen sich schon den ganzen Winter danach: Endlich wieder den Grill anwerfen! Denn was gibt es Schöneres, als an lauschigen Sommertagen oder -abenden gemeinsam mit Freunden ein kühles Getränk in die durstige Kehle zu gießen und dazu kross gebratene Würstchen oder Gemüsespieße zu verspeisen? Wer keinen Garten sein Eigen nennt, aber trotzdem eine Grillparty im Grünen feiern möchte, findet in Stuttgart viele schöne Plätzchen zum Angrillen.

endlich Stuttgart endlich
endlich Stuttgart

Da du bei steigenden Sommertemperaturen allerdings nicht der oder die Einzige mit dieser Idee sein wirst, musst du in einigen Fällen früh erscheinen, um dir dein Plätzchen zu sichern. Denn reservieren kann man die öffentlichen Grillstellen nicht. Hier gilt: Wer zuerst kommt, mahlt bzw. grillt zuerst.

Außerhalb von ausgewiesenen Grillplätzen sollte man nicht grillen. Tut man es doch, wird man von Ordnungshütern freundlich angesprochen und darum gebeten, die Party zu beenden. Bußgelder werden nur selten verhängt, aber im Zweifelsfall dürfen die lieben Aufpasser das natürlich ...

Ein großer Grillplatz mit einem Dutzend gemauerter Grillstellen und dazu Tischen und Bänken befindet sich im **Schlossgarten** (Unterer Schlossgarten). Hier wirst du definitiv nicht alleine grillen und bei schönem Wetter heißt es früh da sein – sonst sind alle Grills belegt. Denn obwohl großzügig Platz vorhanden ist, bleibt am Ende doch kein Grill oder Sitzplatz unbenutzt. Hier darf man nicht kontaktscheu sein und gefeiert wird oft bis spät in die Nacht. Falls die Würstchen oder Getränke mal ausgehen, gibt es nebenan praktischerweise einen Kiosk für den Nachschubkauf.

Der schon öfter erwähnte **Max-Eyth-See** am Neckar zwischen Bad Cannstatt und Hofen bietet eine der schönsten Kulissen Stuttgarts, um auf mitgebrachten Grills zu brutzeln. Hier sind die Wiesen weit und die feiernden Gruppen und Großfamilien verteilen sich gut auf dem großen grünen Gelände, das auch zum Spielen und Spaß haben einlädt. Wie wär's zur Verdauung zum Beispiel mit einer Runde Tretbootfahren auf dem See? Hier kannst du herrlich entspannt einfach so einen ganzen Sommertag verbummeln.

Die restlichen Grillplätze im Stadtgebiet liegen alle am Stadtrand oder im Wald. Deshalb ist es in der Regel nicht möglich, mit dem Auto direkt bis zum Grillplatz zu fahren. Aus Brandschutzgründen darf meist nur an ausgewiesenen Feuerstellen und mit bereitgestellten Grills gegrillt werden, nicht mit mitgebrachten. Insbesondere Einweggrills sind unbeliebt, weil sie ruckzuck den Untergrund ankokeln, also entweder das Gras oder den Holztisch. Natürlich soll man nach der Party aufräumen und alles ordentlich und ohne Müll hinterlassen, denn der gehört einfach nicht in die Natur.

Empfehlenswert und schön ist z. B. die kleine, überdachte Grillstelle im **Bürgerwald**, ein Geheimtipp unterhalb des Birkenkopfes, ganz nahe am Birkenkopfparkplatz. Zum Grillplatz gehören eine große Wiese und Mülltonnen, aber leider nur wenige Bänke.

Ideal für große Gruppen ist das weitläufige Gelände am **Pappelgarten** (Bärensträßle) in der Nähe der Bärenseen und des Bärenschlosses. Hier gibt es drei Grillstellen, es dürfen aber auch mitgebrachte Grills verwendet werden. An den vorhandenen Tischen und Bänken finden viele Gäste Platz und die umliegenden Wiesen sind groß genug für Fuß- oder Federball. Aus einem Brunnen plätschert außerdem kühles Trinkwasser.

Du willst noch mehr Auswahl? Die Stadt Stuttgart hat eine **Karte** mit allen öffentlichen Grillplätzen erstellt: www.stuttgart.de/grillen

Picknicken

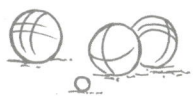

Besonders viel gepicknickt wird innerstädtisch im **Schlossgarten** und auf der **Karlshöhe**. Im Schlossgarten sammeln sich gerne auch größere Gruppen mit Bierkästen oder Trommeln. Auf den kleineren Wiesen der Karlshöhe finden sich meist Pärchen ein und genießen die Aussicht auf die Stadt.

endlich   Stuttgart   endlich

endlich   Stuttgart

Wenn du ein paar Meter Wegstrecke nicht scheust, findest du am **Max-Eyth-See** auch mit einer größeren Gruppe Platz. Die Wiesen sind riesig, ganze Großfamilien und Partygesellschaften kommen hier unter, ohne einander zu stören. Auf dem See kreuzen Segelboote, und da es sich um ein Naturschutzgebiet handelt, könnt ihr viele geschützte Vögel beobachten – oder Menschen. Die Gaststätte am See hilft euch, fehlende Vorräte aufzufüllen.

Auch das **Bärenschlössle** ist bei schönem Wetter einen Ausflug wert: Auf den umliegenden Wiesen und Hängen kann man wunderbar picknicken und die Aussicht auf die weiter unten gelegenen Bärenseen genießen.

Die Wiesen unterhalb des **Schlosses Solitude** bieten ebenfalls eine tolle Aussicht auf weitere Wiesen und die Innenstadt in der Ferne. Ein prima Plätzchen zum Sonnenbaden und Picknicken.

Besenwirtschaften

Ein wichtiger Teil der schwäbischen Kultur sind die Besenwirtschaften oder einfach nur „Besen". Angeblich gehen sie auf ein Gesetz Karls des Großen zurück, das den Weinbauern erlaubte, ihren Wein privat am Hof auszuschenken. Die Tradition hat bis heute Bestand; in der Regel bekommst du auch einfache Hausmannskost zum Wein serviert. Die meisten Besen sind übrigens nur im Spätsommer und Herbst geöffnet. Einzelne öffnen aber auch im Frühjahr oder Winter. Das heißt, wo gestern noch eine Besenwirtschaft war, ist morgen vielleicht wieder eine Scheune oder ein Wohnzimmer.

Ziemlich folgerichtig erkennt man eine geöffnete Besenwirtschaft am Besen, der über oder neben der Tür am Haus hängt oder steht. Besenwirtschaften findest du insbesondere in den äußeren Stuttgarter Bezirken, die zumeist aus früheren Weingärtnerdörfern entstanden sind.

Im Innenstadtbereich gibt es nur zwei Besen. Einmal den **City-Besen** (Wilhelmsplatz 1), der in einem urigen Gewölbekeller selbstangebauten Wein vom Feuerbacher Berg ausschenkt und den **Stadtbesen!** (Marktplatz 1) der etwas moderner ausgestattet ist und jeden Monat ein anderes Weingut im Angebot hat.
www.citybesen-stuttgart.de www.stadtbesen.com

Die Besenwirtschaft mit der schönsten Aussicht ist der **Besen 66** (Neue Weinsteige 66) in Stuttgart-Ost mit ihrer Panoramaterrasse und einer für Besen eher untypisch anspruchsvollen Speisekarte. Dieses Lokal öffnet auch im Sommer immer für ein paar Wochen! www.besen66.de

In der **Besenwirtschaft Krug** (Wildensteinstr. 24) gibt es neben fruchtigem Wein und deftiger Küche auch ein Kulturprogramm mit Livemusik und Sketchen. Da empfiehlt sich eine Reservierung!
www.besenwirtschaft-krug.de

Der **Biraboom** (Schenkensteinstr. 38) ist einer der ältesten Besen der Stadt. www.besen-biraboom.de

Die Besenwirtschaft **dr' Emil** (Schenkensteinstr. 20) öffnet zweimal im Jahr und außerhalb der Besenwirtschaftszeit jeden Samstagvormittag zum Weinverkauf. www.70469r.de --> Besenwirtschaft

Die **Besenwirtschaft im Grünen** (Burgherrenstr. 107) bewirtet draußen unter Bäumen mit hausgemachten Speisen nach altem Familienrezept (Gruppen bitte reservieren): Tel. 0711/851940

Eine Sammlung aller Besenwirtschaften findest du unter:
www.stgt.com --> Gastronomie --> Besenwirtschaften

endlich Stuttgart   endlich
endlich   Stuttgart

Schnee

Schnee
Schnee

Schnee

Schnee

Schnee

Schnee

Schnee

Schnee

Schnee

Schnee

Schnee

Schnee

Frostige Zeiten

Winter!

Winter!

Winter!

kalt **brrr**

Eiskratzerei

Schnee

Schnee

nnee

Eiskratzerei

kalt

kalt

brrr

Sauna

Sauna

Sauna

Schnee

kalt

brrr

brrr

brrr

br

brrr

nnee

Wenn die Tage kürzer, die Unterhosen länger und die Flip Flops gegen Moonboots getauscht werden, dann ist eines sicher: Es ist Winter! Da helfen manchmal warme Gedanken alleine nicht aus, um dem eiskalten Frösteln die Stirn zu bieten. Darum kannst du dich jetzt zu Hause einkuscheln, dir eine Flädlesuppe-Pipeline einrichten und dick und rund werden – oder aber du erforschst, was Stuttgart im Winter drinnen und draußen außer Suppe sonst noch für dich bereithält!

Baden, Plantschen und Schwimmen

Hallenbäder

Während es draußen schneit, stürmt oder schon wieder dunkel ist, kannst du im wohlig-warmen Schwimmbad gemütlich deine Bahnen ziehen. Da fast jeder Stadtbezirk sein eigenes größeres oder kleines Hallenbad betreibt, ist auch sicher bei dir eines um die Ecke:

Das denkmalgeschützte **Hallenbad Heslach** (Mörikestr. 62) beeindruckt nicht nur optisch, sondern auch mit seinem Angebot: Neben den drei Becken, ein 25-Meter-Becken, ein Springerbecken und ein Nichtschwimmerbecken, bietet das Bad auch Annehmlichkeiten wie zwei finnische Saunen verschiedener Temperatur und drei russisch-römische Dampfbäder. Mit Massagen, Fitnesstraining im Wasser und Aktionen wie FKK-Schwimmen oder einer Mitternachtssauna, weiß das Bad seinen Gästen den Aufenthalt noch zusätzlich zu versüßen.

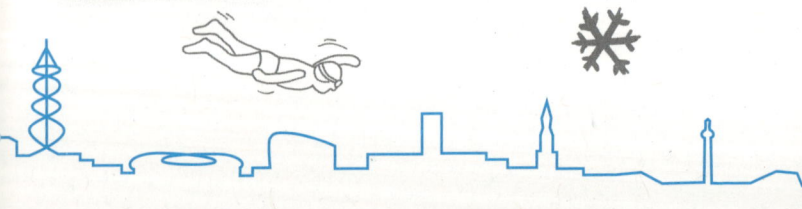

Im **Leo-Vetter-Bad** (Landhausstr. 192) in Stuttgart-Ost gibt es alles, was man zum Schwimmen und Erholen braucht: ein 25 m langes Mehrzweckbecken, ein Springer-, ein Nichtschwimmerbecken und ein paar richtig coole Extras: So ist z. B. in einem Becken eine kleine Kletterwand eingebaut. Wenn du die Nase vom Wasser voll hast, kannst du dich auf dem Trockenen auch mit Tischkicker und Tischtennis vergnügen.

Tipp für Frostbeulen: An den sogenannten **warmbadetagen** wird eine Schippe draufgelegt und die wassertemperatur im Schwimmer- bzw. Mehrzweckbecken von 26 °C auf mollige 30 °C erhöht. wann und wo ein warmbadetag stattfindet, ist jeweils bei den Öffnungszeiten der Bäder vermerkt!
www.stuttgart.de/baeder
--> Hallenbäder

Im Mehrzweckbecken des **Hallenbads Sonnenberg** (Kremmlerstr. 1) kannst du auf den 25-Meter-Bahnen sportlich schwimmen oder aber deine winterlichen Verspannungen von angenehmen Massagedüsen bearbeiten lassen. Dass es zusätzlich ein Springer- und Tauchbecken, ein Nichtschwimmer- und ein Babybecken mit verstellbarem Boden gibt, sorgt für mehr Ruhe im großen Becken.

Allein schon die Lage des **Hallenbads Vaihingen** (Rosentalstr. 15) ist besonders. Es wurde in den Rosentalsee hinein gebaut. Innen gibt es ein 25 m langes Mehrzweckbecken sowie ein eigenes, kleineres Nichtschwimmerbecken. Außerdem finden hier natürlich auch Schwimm- und Fitnesskurse statt, bei denen du die super Aussicht durch die großen Glasfronten genießen kannst.

Im **Hallenbad Zuffenhausen** (Haldenrainstr. 31) kommen Rutschfreunde auf ihre Kosten. Denn die eigentliche Attraktion neben dem Schwimmer- und Nichtschwimmerbecken ist die 90-Meter-Wasserrutsche. Da ist Spaß garantiert. Sauna und Dampfbad runden das Angebot für alle, die eher Entspannung suchen, ab. In der großzügigen Außenanlage ist auch eine Blockhaus-Sauna untergebracht.

Das **Hallenbad Cannstatt** (Hofener Str. 17) direkt am Neckar, das **Hallenbad Feuerbach** (Wiener Str. 53) und das **Hallenbad Plieningen** (Im Wolfer 40) sind drei kleinere, schlichtere Stadtbäder. Vorsicht: Für die breite Öffentlichkeit sind sie nur an wenigen Tagen die Woche geöffnet, denn an den übrigen Tagen trainieren hier meistens Schulen und Vereine.

Infos zu den aktuellen Öffnungszeiten und Preisen aller städtischen Bäder findest du hier: www.stuttgart.de/baeder

--> Hallenbäder

Erlebnisbäder

Hallenbad klingt nach zu viel Sport und zu wenig Spaß? Für diesen Fall gibt es ganz in der Nähe von Stuttgart zwei Erlebnisbäder, die dich mit halsbrecherischen Rutschen, Wellenbädern und einer großen Portion Action aus dem Winterschlaf reißen!

Im **Fildorado** (Mahlestr. 50, 70794 Filderstadt-Bonlanden), knapp 20 km von Stuttgart-Mitte entfernt, warten zahlreiche Attraktionen auf dich: In der 30°C warmen Erlebnishalle gibt es u.a. drei Action-Rutschen, Wellen- und Thermalbecken, einen Strömungskanal und Eissäulen für die prickelnde Abkühlung zwischendurch. Nach dem ganzen Nervenkitzel kannst du deinen Adrenalinspiegel im Wellness- und Spa-Bereich (beispielsweise im Nebelbad oder der Vital-Sauna) wieder zur Ruhe kommen lassen. Die Kombikarte inklusive Wellnessbereich kostet etwas mehr als nur der Eintritt in den Erlebnisbereich.
www.fildorado.de

Auch das **F.3** (Esslinger Str. 102, 70734 Fellbach) im benachbarten Fellbach, etwa 10 km von Stuttgart-Mitte, hat drei Rutschen zu bieten: Die Aqua Loop Looping Rutsche, der Aqua Racer und die Turborutsche sind nichts für Angsthasen! Mit Geschwindigkeiten von bis zu 70 km/h und Loopings ist der Winterfrust bestimmt ganz schnell vergessen. Und auch hier kannst du dich danach im Wellness-Bereich in verschiedenen Saunen entspannen und im Sauna-Bistro die Seele baumeln lassen. Inklusive Saunabereich kostet die Eintrittskarte ebenfalls etwas mehr. www.f3-fellbach.de

Mineral- und Wellnessbäder

Hinter Budapest hat Stuttgart das zweitgrößte Mineralwasservorkommen Europas. Bis zu 500 Liter pro Sekunde sprudeln aus den Stuttgarter Mineralquellen, von denen 13 sogar staatlich als Heilquellen anerkannt sind. Klar, dass du da in Stuttgart nicht lange nach einem Bad mit wohltuendem Mineralwasser suchen musst. Und wo du schon mal dabei bist, dir was Gutes zu tun: ein dickes Wellness-Paket gibt es in den meisten Mineralbädern obendrauf.

Im **MineralBad Canstatt** (Sulzerrainstr. 2) gibt es Becken mit verschiedenen Temperaturen und Wasserarten, u. a. Whirlpools mit 36 °C warmer Thermalsole, und schöne Extras wie Massagedüsen, Strömungskanal und einen Wasserfall. Außerdem solltest du dir die 1.200 m² große Saunalandschaft nicht entgehen lassen – mit vier Saunen, einem Dampfbad und einer Meditationssauna, die der Schlechtwetterlaune mit Musik und Farblichttherapie keine Chance lässt. Und hilft das alles nicht, lässt du dir den Winter-Blues einfach bei einer Massage wegkneten.

endlich Stuttgart endlich
endlich Stuttgart

DAS LEUZE Mineralbad (Am Leuzebad 2) liegt wunderschön am Neckar und ist mit stolzen zehn Becken mit einer Wassertemperatur von 20 bis 34 °C ausgestattet. Da vergisst du die frostigen Außentemperaturen im Nu. Die Saunalandschaft ist von der klassischen finnischen Sauna bis zur Aroma-Variante und Dampfbädern

herrlich abwechslungsreich und erstreckt sich über mehrere Etagen, bis hoch zur Panorama-Sauna mit Blick auf die Weinberge. Wie in den übrigen Mineralbädern ist auch hier für Verpflegung gesorgt und du hast die Möglichkeit für den ultimativen Wohlfühlfaktor Massagetermine zu buchen.

Das **Mineral-Bad Berg** (Am Schwanenplatz 9) ist von den drei Stuttgarter Mineralbädern das älteste, kleinste und auch kostengünstigste. Da es aus sechs Mineralquellen gespeist wird und somit einen sehr hohen Wasserdurchfluss hat, muss es nicht gechlort werden. Perfekt für alle, die Chlorgeruch nichts abgewinnen können. Hier gibt es zwar nur vier Becken, aber das seit 1856 existierende Bad punktet schon alleine mit seinem nostalgischen Charme, der glücklicherweise bei allen Renovierungen über die Jahrzehnte erhalten blieb. Wer sich ein bisschen Entspannung zusätzlich gönnen will, nutzt die Saunalandschaft oder das Massageangebot.

Weitere Infos zu Öffnungszeiten, Preisen, usw. findest du auf: www.stuttgart.de/baeder --> Mineralbäder

Die **SchwabenQuellen** im SI-Erlebnis-Centrum (Plieninger Str. 100) sind zwar kein Mineralbad, dafür wird hier umso mehr Wert auf Wellness gelegt. So bekommst du das Rundum-Wohlfühl-Paket mit

besonders exotischen Schwimmbädern, Saunen, Dampfbädern (z.B. einen türkischen Hamam und einer Salzgrotte), Ruhebereichen und Massageangeboten. Grundsätzlich wird hier unbekleidet gebadet. Für alle, die ungern ohne Badehose oder Bikini schwimmen, wird jeden ersten Samstag des Monats ein Textilbadetag eingelegt und jeden Dienstagabend ab 18.00 Uhr darf man selbst entscheiden, ob „mit oder ohne". www.schwabenquellen.de

Sauna

Du willst Sauna so pur und entspannt wie möglich, ohne unnötiges Pipapo und Schickimicki drumherum? Das gibt's hier:

In der **Sauna auf der Waldau** (Guts-Muth-Weg 8a) lässt es sich in besonders familiärer Atmosphäre saunieren. Das Besondere ist ihr hübscher, liebevoll gepflegter Saunagarten mit kleinem Schwimmbecken, der eher wie ein Privatgarten wirkt. Wenn es doch mal was extra sein darf, gibt es auch einige tolle Wellness-Angebote: Zum Beispiel Infrarotkabine, Gesichtsbehandlung, Maniküre und Pediküre sowie Massagen von Fußreflex- über Himalaya- und Ayurveda- bis zur La-Stone-Massage. www.sauna-auf-der-waldau.com

Sport im Trockenen

Wenn du dich lieber selbst körperlich betätigst, um ins Schwitzen zu kommen, statt faul in der Sauna herumzuliegen, kannst du dich in zahlreichen Hallen fröhlich beim Sport deiner Wahl austoben.

Schlägersport

Auf einen flinken kleinen Ball aus Filz oder Hartgummi einzudreschen macht fit und fördert die Reaktionsgeschwindigkeit. Dank moderner Baukunst geht das auch bei Schneefall ...

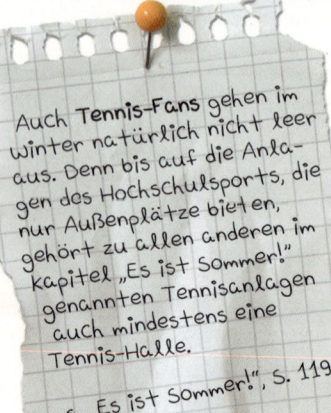

Auch **Tennis-Fans** gehen im Winter natürlich nicht leer aus. Denn bis auf die Anlagen des Hochschulsports, die nur Außenplätze bieten, gehört zu allen anderen im Kapitel „Es ist Sommer!" genannten Tennisanlagen auch mindestens eine Tennis-Halle.

--> s. „Es ist Sommer!", S. 119

Das **Vitadrom** (Triebweg 85) gehört zur Sportvg Feuerbach e.V. Seine fünf Badminton- und sechs Squashcourts kannst du auch als Nichtmitglied stundenweise nutzen. Wenn du dir eine 10er-Karte gönnst, bekommst du sogar eine Stunde geschenkt. Vormittags (Mo-Sa bis 13.00 Uhr, So bis 14.00 Uhr) lockt das „Frühstück am Ball", bei dem du bei Badminton oder Squash ein Frühstück für zwei Personen gratis bekommst.

www.sportvg-feuerbach.de
--> Sportangebote --> Vitadrom
--> Badminton und Squash

Im **activity – der Freizeit-Sportclub** (Bühlstr. 140, 70736 Fellbach) des TSV-Schmiden im benachbarten Fellbach, kannst du ebenfalls ohne Mitgliedschaft stundenweise Plätze und Schläger für Badminton und Squash mieten. Und fürs Wiederauffüllen der Flüssigkeitsreserven deines durchtrainierten Körpers nach dem Spiel bietet die activity-Bar diverse Getränke an.

www.activity-fellbach.de --> Was bieten wir --> Badminton/Squash

Hallen-Fußball

Auch in Sachen Fußball gibt's im Winter keine Ausreden. Zwei größere Hallen in der nähren Umgebung von Stuttgart bieten dir die Möglichkeit, den Ball auch bei Schneesturm ins Rollen zu bringen:

Etwa 10 km von Stuttgart-Mitte entfernt hält der **SoccerOlymp Fellbach** (Blumenstr. 21, 70736 Fellbach) fünf Fußballfelder in verschiedenen Größen für Spiele von 3 gegen 3 bis 6 gegen 6 bereit. Du willst den neusten Trend ausprobieren? Dann melde dich am Wochenende für Bubble Soccer an, bei dem man mit dem Oberkörper in einer aufblasbaren Kugel steckt. www.soccerolymp.de

In der **Hall of Soccer** (Hornbergstr. 36, 70794 Filderstadt) im ca. 20 km von Stuttgart-Mitte entfernten Filderstadt finden regelmäßig Hobbyturniere statt. Die 3.000 m² große Halle ist bestens ausgestattet und verfügt über vier FIFA- und UEFA-zertifizierte Kunstrasenplätze (je 30 x 15m). Auch hier kannst du seit Neustem Bubble Soccer ausprobieren und danach in der Sky-Sportsbar bei Drinks, Snacks und Profi-Fußball im TV entspannen. www.hallofsoccer.de

Klettern und Bouldern

Damit du im Winter nicht den Reinhold Messner machst und all deine Gliedmaßen dranbleiben, gibt es in Stuttgart zum Glück einige definitiv frostfreie Kletter- und Boulderhallen.

Das riesige **DAV-Kletterzentrum Stuttgart** (Friedrich-Strobel-Weg 3) auf der Waldau ist mit einer Kletterfläche von 4.600 m² eine echte Ansage für Kletter-Fans. Hier kannst du auf 460 verschiedenen Kletterrouten und 160 Bouldern in allen erdenklichen Schwierigkeitsbereichen klettern und bouldern. Dabei geht's bis zu 16 m in die Höhe. Mangelt es dir mal an einem Kletterpartner, bekommst du auf Wunsch sogar einen vermittelt. Kletter-Herz, was willst du mehr? www.kletterzentrum-stuttgart.de

endlich Stuttgart endlich

endlich Stuttgart

In der **Climbmax Kletterwelt** (Stammheimer Str. 41) in Zuffenhausen stehen 1.400 m² fürs Klettern und ganze 1.100 m² fürs Bouldern bereit. Es gibt jede Menge individuelle Routen für alle Ansprüche. Außerdem bieten die Mitarbeiter laufend Kurse an, mit denen du deinem persönlichen Kletterziel ein Stück näher kommst. www.climbmax.de

Das wesentlich kleinere [cityrock]® (Fritz-Elsas-Str. 44) liegt zentral und erstreckt sich über drei Stockwerke in die Höhe. In familiärer Atmosphäre erwarten dich im Inneren 500 m² Kletterfläche mit 80 Routen sowie 75 m² reine Boulderfläche. www.cityrock.de

Eine 2015 eröffnete Location für Boulder-Besessene ist das **Café Kraft Stuttgart** (Böheimstr. 57). Hier stehen 3.200 m² unter einem Motto: bouldern, bouldern, bouldern – und dabei eine Menge Spaß haben. Der ist bei den schön geschraubten und gut durchdachten Bouldern auch garantiert. www.facebook.com/cafekraftstuttgart

Kegeln und Bowling

Das **City-Bowling-Stuttgart** (Schlossstr. 28) mit seinen zehn Bowling- und vier Kegelbahnen liegt unfassbar zentral und ist darum perfekt, wenn dich und deine Freunde spontan das Kegel- oder Bowlingfieber packt. Freitag und Samstag ist hier Disco-Bowling angesagt. www.city-bowling-stuttgart.de

In der **BowlingArena Stuttgart** (Am Sportpark 9) kannst du auf 24 Bowling- und 16 Kegelbahnen mehr als nur eine ruhige Kugel schieben – freitags und samstags beim Moonlight Bowling sogar bis 2.00 Uhr morgens. Bei Cocktails und Musik kannst du mit dem perfekten Wurf kleinere Gewinne abstauben. www.bowlingarena.de

Das **Dream Bowl** (Bühlstr. 140, 70736 Fellbach) in Fellbach wartet mit 18 Bowlingbahnen auf. Am Wochenende gibt es hier ebenfalls „Moonlight Bowling" mit Schwarzlicht und Disco-Mucke und falls du deinen Bowlingpartner noch nicht gefunden hast, kannst du bei „Flirt and Bowl" deine Fühler ausstrecken. www.dreambowl.de

--> Standorte --> Fellbach

Billard

Einzelne Kneipen, in denen ein oder zwei Billard-Tische stehen, findest du natürlich zuhauf. Von Kopf bis Fuß auf Billard eingestellt sind allerdings nur diese beiden Billard-Cafés:

Im **Seven** (Wilhelmstr. 12) gibt es außer elf Pool-Tischen sogar einen speziell für Snooker. Außerdem kannst du hier Darts und Tischfußball spielen und dabei auf einem der Fernseher Fußballspiele, Formel 1 und Boxkämpfe verfolgen. Ganz Sportsbar eben. www.billardcafe7.de

Das **Sportcafé Carambolage** (Rotebühlstr. 81) ist mit 13 Billard-Tischen ausgestattet. Und brauchst du nach einer kniffligen Partie mal etwas Abwechslung, wären da noch Darts, Tischfußball und diverse Brettspiele im Angebot. Sportgroßevents werden hier zum Mitfiebern auf Leinwand gezeigt. carambolage.sportcafe.eu

Eislaufhallen

Du hast Lust auf eine Rutschpartie auf dem Eis – und das unabhängig davon, ob es kalt genug ist, regnet oder schneit? In Stuttgart selbst gibts nur eine einzige Eislaufhalle, doch in der näheren Umgebung (z. B. Ludwigsburg und Esslingen) findest du weitere.

Egal, ob mit eigenen oder geliehenen Schlittschuhen, in der **Eiswelt Stuttgart** (Keßlerweg 8) auf der Waldau kannst du dich austoben, bis die Kufen glühen. Sonntagabends werden bei der „Disco On Ice" zu Chartsmucke und buntem Discolicht Pirouetten gedreht. www.stuttgart.de/eiswelt

endlich Stuttgart endlich

endlich Stuttgart

Die **Kunsteisbahn Ludwigsburg** (Fuchshofstr. 50, 71638 Ludwigsburg) bietet auf stolzen 1.800 m² neben Eislaufen für Jedermann auch diverse Events wie Eisdisco, Flirt- oder Oldiepartys an. Da ist für jede Altersklasse was dabei. www.swlb.de

--> Freizeit
--> kunsteisbahn-Ludwigsburg

Lasertag

Spätestens seit der Serie „How I met your mother" ist Lasertag DER neue Gruppen-Fun-Sport. In Stuggi kannst du dieser Aktivität bei **PowerLaser** (Emerholzweg 73) nachgehen. Mit Laserpistole und Weste tretet ihr einzeln oder in Gruppen gegeneinander an und löst verschiedene Aufgaben. Das Equipment wird gestellt und die Preise richten sich nach der Aufenthaltsdauer und der Anzahl der Spiele. www.powerlaser.info

Hochschulsport

Wenn dir der Sinn nach noch ausgefalleneren Sportarten wie Fechten oder Bauchtanz steht, wirst du ganz bestimmt im Programm des **Allgemeinen Hochschulsports** fündig. Es stehen aber natürlich auch klassisch-bodenständige Sportarten wie Basket- oder Handball auf dem Programm. Das Angebot ist riesig und die Teilnahme von Nicht-Studierenden dank Gästekarte gegen eine humane Gebühr möglich. www.hochschulsport.uni-stuttgart.de

Draußen

Skifahren

Stuttgart ist definitiv kein Wintersportgebiet. Zum richtigen Skifahren musst du leider teilweise längere Strecken in Kauf nehmen. Dem Skisport frönen kannst du am besten auf der **Schwäbischen Alb**, noch ein Stück weiter entfernt im **Schwarzwald** (z. B. auf dem Feldberg) oder aber ganz klassisch in den **Alpen**.

Langlaufen

Auch zum Langlaufen liegt in Stuttgart selbst und der allernächsten Umgebung selten genug Schnee, so dass sich auch hierfür ein Ausflug in den **Schwäbischen Wald**, ca. 50 km nordöstlich von Stuttgart, oder auf die ca. 60 km entfernte **Schwäbischen Alb** empfiehlt.

Hat Frau Holle jedoch tatsächlich mal fleißig ihre Betten ausgeschüttelt, spurt der Ski-Verein Stuttgart-Vaihingen mehrere Loipen im **Rosental** südwestlich von Vaihingen. Sie beginnen alle am Freibadparkplatz (Rosentalstr. 21) und sind 2, 4 oder 5 km lang.

Rodeln

Zum Rodeln reicht der Schnee in Stuttgart aber allemal. Offizielle Schlittenbahnen gibt es im Stadtgebiet zwar keine – die nächste offizielle Bahn ist die **Naturrodelbahn** im etwa 19 km entfernten **Sindelfingen** (Hohenzollernstr., 71065 Sindelfingen) – gerodelt wird aber natürlich trotzdem, und zwar vor allem hier:

Unterhalb des **Schlosses Solitude** erstreckt sich eine breite Wiese mehrere hundert Meter lang immer geradeaus ins Tal.

Ebenso lang, aber etwas steiler ist die Strecke von **Doggenburg** im Stuttgarter Norden hinunter ins Feuerbacher Tal.

Beliebt ist auch der **Eichenhain** am Westrand von Riedenberg (Eichenparkstr.) mit flachen und steilen Strecken für Groß und Klein, nicht ganz so lang, aber abwechslungsreich.

Auf dem Eis

Schlittschuhlaufen unter freiem (Sternen-)Himmel und in schöner Atmosphäre kannst du traditionell zur Zeit des Weihnachtsmarkts am Schlossplatz – und zwar auf der extra dafür aufgebauten **Wintertraum-Eisbahn**. www.wintertraum-stuttgart.de

Wenn dir mehr nach einer Partie Eisstock-Schießen ist, kannst du stundenweise die Eisstockbahn mit Kunstbelag im **Galileo Minigolf-Tennis-Park** in Vaihingen (Galileistr. 20) mieten – übrigens das ganze Jahr über. www.minigolftennispark.de

wenn du beim Schlittschuhfahren nicht auf gutes Wetter warten willst, schau doch bei einer der Eishallen vorbei. --> s. „Eislaufhallen", S. 141

Weihnachtsmarkt

Der **Stuttgarter Weihnachtsmarkt** gilt als einer der größten Deutschlands und bevölkert mit seinen ca. 280 in festliches Licht getauchten Holzbuden Schlossplatz, Karls- und Schillerplatz, den Marktplatz sowie alle Gässchen dazwischen. Und wenn er nicht ohnehin kaum zu übersehen wäre, dann würde ihn sein verräterischer Duft nach Glühwein, heißen Maronen und gebrannten Mandeln sofort enttarnen. Wenn da mal keine Weihnachtsstimmung aufkommt ...

Auch das Rathaus am Marktplatz verwandelt sich im Dezember: Es wird zum überdimensionalen Adventskalender! Jeden Tag wird ein Fenster geöffnet und eines der 23 Stuttgarter Stadtbezirk-Wappen kommt zum Vorschein. Anschließend spielt der Musikverein des jeweiligen Stadtbezirks auf dem Rathaustreppe ein Ständchen.

Für große Augen auf dem Schlossplatz (und das nicht nur bei den Kleinen) sorgt traditionell das dort aufgebaute Märchenland mit Mini-Eisenbahn (eine echte Dampflok!). Außerdem gibt es eine lebende Krippe mit Schafen, Esel und Ziegen zum Streicheln.

Herr Schiller wird von Ständen umringt (Schillerplatz)

Besonders erwähnenswert sind außerdem der nostalgische Antik-markt und das „Finnische Weihnachtsdorf" auf dem Karlsplatz. Hier kannst du entweder nach antiken Schätzen fischen oder aber skandinavische Spezialitäten schlemmen und warme Pelze und andere Textilien gegen die Kälte erstehen. Am Lagerfeuer nebenan werden stilecht Fische geräuchert.

Der Weihnachtsmarkt wird am letzten Mittwoch im November eröffnet und schließt am 23. Dezember seine Tore. Etwa 4 Millionen Menschen besuchen ihn in dieser Zeit, dementsprechend groß ist das Gedränge. www.stuttgarter-weihnachtsmarkt.de

Wenn dir das die Adventsstimmung verhagelt und du es lieber kleiner und familiärer hast, solltest du den Weihnachtsmärkten in den Vororten einen Besuch abstatten. In Stuttgart veranstaltet nämlich (fast) jeder Bezirk seinen eigenen Weihnachtsmarkt. Diese sind nicht so überlaufen wie der große Weihnachtsmarkt in der Innenstadt, allerdings oft auch nur ein oder zwei Wochen in der Adventszeit geöffnet.

Weihnachtsgebäck

Ein typisches Stuttgarter Gebäck ist das **Hutzelbrot**, ein Früchtebrot, das zu 75 % aus getrockneten Früchten und einer vom jeweiligen Bäcker oder der Bäckerin streng geheim gehaltenen Gewürzmischung besteht. Berühmt geworden ist es durch Eduard Mörikes Märchen „Das Stuttgarter Hutzelmännlein". Ansonsten kennt man in Schwaben die üblichen Gebäcke (hier „Gutsle" genannt) wie Lebkuchen, „Ausstecherle", Spekulatius, Spitzbuben, Zimtsterne usw.

Falls du keine Zeit zum Backen hast, kannst du Weihnachtsgebäck in hausgemachter Qualität auch im **Café Königsbau** (Königstr. 28) oder in der **Tourist Information i–Punkt** (Konigstr. 1a, am Hbf.) kaufen. Oder natürlich auf den Weihnachtsmärkten, wo an den Ständen der Vereine oft Selbstgebackenes angeboten wird.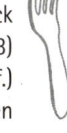

endlich **Stuttgart** endlich

endlich **Stuttgart**

Musik Musik

Mus

abhorsten

★ DJan

abhorsten abhorsten

Feiern

Feiern

Feiern

Musik

Club

Club

Club

Club

Musik

Musik

Musik

Musik

Musik

Musik

DJane

Flirt-Faktor

Flirt-Faktor

Flirt-Faktor

Flirt-Faktor

Flirt-Faktor

Die ganze Woche bist du eingespannt: Ob im Job, im Studium oder für andere Termine. Da wird es Zeit, am Wochenende endlich mal aus dem Alltag auszubrechen und die Nacht zum Tag zu machen. Zum Glück bist du in Stuttgart gelandet, denn hier ist die Party-Auswahl riesig und vielfältig. Alle nur erdenklichen musikalischen Sparten sind im Stuttgarter Nachtleben vertreten: Electro und Minimal, Hip-Hop und Rock, Funk, Soul, Gothic oder Balkanbeats ... In irgendeinem der Clubs – ob ganz zentral oder etwas außerhalb der Stadt – ist auch für dich der Soundtrack und die Location für die perfekte Partynacht dabei.

Clubs, Plattenteller & Co.

Während in anderen Großstädten die Clubs mehr und mehr an den Stadtrand gedrängt werden, damit die Bewohner der Innenstadt ihre Ruhe vor dem Partyvolk haben, wird in Stuttgart vor allem rund um die Stadtmitte gefeiert. Und eine richtige Partymeile gibt es mit der **Theodor-Heuss-Straße**, von echten Stuttgartern nur „Theo" genannt, auch.

Sie führt vom Rotebühlplatz zum Friedrichsbau und war eigentlich mal als Stadtautobahn geplant. Da das Verkehrsaufkommen aber gar nicht so hoch war wie gedacht, wurde die Straße zur Jahrtausendwende auf zwei Spuren zurückgebaut. Sie wird nun stattdessen von breiten Gehwegen gesäumt und ist zur Heimat von zahlreichen Clubs und Bars geworden.

Manchmal wird den Clubs und Lounges rund um die Theo vorgeworfen, sie sähen alle gleich aus. Dennoch ist und bleibt die Meile einfach ein Party-Hot-Spot und nur manchmal blicken die Clubbetreiber forschend Richtung Geißstraße, die sich mit der angesagten Bar Mata Hari sowie den Clubs Transit/Bergamo und CorsoBar zu einer ernstzunehmenden Konkurrenz entwickelt hat.

7grad (Theodor-Heuss-Str. 32): Der in rotes Licht getauchte Club mit der ewig langen Theke ist eine Mischung aus Bar und Disco und spricht freitags und samstags mit einem bunten Musikmix ein breites Publikum an. Ansonsten steht das 7grad bei Fans von lateinamerikanischen Rhythmen hoch im Kurs: Immer donnerstags heißt es „Latin Disco". Bei freiem Eintritt kannst du dann zu Reggaeton-, Merengue-, Bachata- und Latin House-Sounds die Hüften schwingen. www.7grad-stuttgart.de

AER Club (Büchsenstr. 10): In den Kellerräumen der Büchsenstraße präsentiert sich der AER Club mit seinem edlen Mobiliar und den dunkel gehaltenen Wänden modern und schick. Getanzt wird zu House, RnB und Urban Classics. Der Dresscode ist eher gehoben und spricht ein exklusiveres Publikum an, da kostet ein Bier auch schnell mal 4 Euro. Der Vorteil: Betrunkene Teenies wirst du hier kaum antreffen. Der Nachteil: Du selber kannst im AER auch nicht spontan in Turnschuhen antanzen. www.aer-club.de

Boa (Tübinger Str. 12-16): Du stehst auf Saturday Night Fever, Motto-, Schlager- und Faschingspartys? Das alles und eine extra Portion gute Laune gibt's in der Kultdisco Boa. Die wohl bekannteste Schlange Stuttgarts hat sich längst bewährt: Seit 1977 hängt hier der Disconebel unter der Decke. Vor allem donnerstags zur After-Work-Party ist die Boa die erste Adresse. www.boadisco.de

Climax Institutes (Calwer Str. 25): Der kleine Club in der Stuttgarter Innenstadt punktet mit exzessiven Partys, auf denen Techno, Minimal, Drum'n'Bass oder Deep House bis zum Sonnenaufgang aus den Boxen dröhnen. Das Climax fühlt sich definitiv nach

endlich **Stuttgart** endlich

endlich **Stuttgart**

Underground an und so triffst du unter den Gästen auch auf jede Menge bunter Vögel. www.climax-institutes.de

CorsoBar (Geißstr. 5): Zusammen mit dem Mata Hari und dem Transit/Bergamo ist die kuschelige CorsoBar für den neuen Hype rund um die Geißstraße verantwortlich. Der stylische Club war mal eine Tabledance-Bar. Zwei Pole-Dance-Stangen sind aus dieser verruchten Vergangenheit noch übrig, sie dienen heute aber eher Dekozwecken – oder der ein oder anderen akrobatischen Einlage. Für alle, die auf Funk, Soul und RnB stehen, ist die CorsoBar immer eine gute Anlaufstelle. www.facebook.com --> CorsoBar Stuttgart

Cue (Rotebühlplatz 11): Hip-Hop, so weit die Ohren reichen ... Das Programm des Cue lockt Liebhaber von fetten Beats öfter auch mit Star-DJs der Szene (die schon mal direkt aus New York City eingeflogen werden). Auf den Plattentellern im Partykeller an der S-Bahn-Haltestelle Stadtmitte drehen sich aber neben den altbewährten Hip-Hop-Sounds auch immer wieder Electro- und House-Nummern. www.cue-stuttgart.de

Finca (Lange Str. 35): Ein kleiner, rustikal eingerichteter Club im Stile einer – richtig, der Name verrät es – Finca. In familiärer Atmosphäre legt hier der interessanteste DJ-Nachwuchs aus der Region feinen Minimal und Deep House auf. Das ist sicher einer der Gründe, die immer wieder nette Leute mit gutem Geschmack auf die Tanzfläche ziehen und die Finca zu einem der Lieblingsclubs vieler Stuttgarter Studenten machen. www.facebook.com/clubfinca

Freund + Kupferstecher (Fritz-Elsas-Str. 60): Der cool geschwungene Schriftzug am Eingang des Kellerclubs am Berliner Platz lässt bereits darauf schließen, dass es im Inneren hip zugeht. Das junge und stylische Partyvolk tummelt sich zu einem anspruchsvollen und abwechslungsreichen Programm rund um Hip-Hop und Electro-Beats auf der Tanzfläche. Hier darfst du ohne nervigen Dresscode lässig abfeiern. www.freundkupferstecher.de

Keller Klub (Rotebühlplatz 4): Du bist im Indie-Rock zu Hause und vermisst ausgelassene und rockige Partys? Der Keller Klub könnte dein neues Wohnzimmer werden. Hier musst du dich nicht zwingend aufbrezeln, um mit dem meist studentischen und ziemlich bunt gemixten Publikum zu Indie- oder tanzbaren Electro-Sounds auf der Tanzfläche durchzudrehen. Die Lampen gehen auch regelmäßig für Konzerte oder den beliebten Poetry-Slam an.
www.kellerklub.com

Kings Club (Calwer Str. 21): Bereits seit 1977 die erste Anlaufstelle für das schwullesbische Publikum in Stuttgart und Umgebung. Innen warten eine rotplüschig und goldglitzernde Einrichtung, kleine Sitznischen und eine immer volle Tanzfläche auf dich. Donnerstags kannst du beim Karaoke alles geben, am Wochenende läuft bunt Gemischtes und Electro. Der Flirtfaktor ist hier auf jeden Fall hoch. www.kingsclub-stuttgart.de

Kowalski (Kriegsbergstr. 28): Das Kowalski war früher mal eine Praxis, ehe diese in einen der stylischsten und coolsten Electroclubs der

Stadt verwandelt wurde – mit Hirschgeweihen, Birkenholzwänden, Kletterpflanzen und noch einer ganzen Menge anderer liebevoller Nettigkeiten. Hier feierst du mit erwachsenen Partygästen, die auf guten

endlich **Stuttgart** endlich

endlich **Stuttgart**

Techno, Psychedelic und Deep House stehen. Keine Teenies, kein David Guetta! www.kowalskistuttgart.de

Lehmann Club (Seidenstr. 20): Und noch ein Electroschuppen in Stuttgart-Mitte. Düstere Atmosphäre und hochkarätige Techno-, Minimal- und House-Bookings aus aller Welt hat das Lehmann zu bieten. Das verspricht fulminante Partyabende und katapultiert den Club in der Gunst vieler Feierwütiger ganz weit nach oben. An einem Samstag im Monat findet die stadtbekannte schwullesbische Partyreihe „Lovepop" statt, bei der es Musik que(e)rbeet auf die Ohren gibt. www.lehmannclub.de

LKA-Longhorn (Heiligenwiesen 6): Ob Nirvana, Die Ärzte oder Nick Cave: Im LKA waren sie alle schon mal. In den 80er Jahren als einer der größten Country- und Western Clubs außerhalb der USA eröffnet, ist das LKA bis heute einer der größeren Veranstaltungsorte in Stuttgart. Du wirst bestimmt das eine oder andere Mal für ein Konzert vorbeikommen, aber im LKA finden auch Partyreihen statt. Die ziehen mit 70er-Jahre-Sound, Ü-30-Rock&Pop, Classic Rock- oder Depeche Mode-Motto ein meist schon ziemlich erwachsenes Publikum und eher keine Teenie-Cliquen an. www.lka-longhorn.de

Muttermilch (Theodor-Heuss-Str. 23): Das Etablissement mit dem leicht gewöhnungsbedürftigen Namen beheimatet Bar, Lounge und Club auf drei Etagen. Unten stellen Fotografen, freie Künstler und Designer aus, im Erdgeschoss kannst du dich in die Sofaecke fläzen und oben gibt es eine lange Theke, eine große Tanzfläche und eine ausführliche Cocktailkarte – natürlich mit der beliebten Muttermilch +. Die Musik im Mumi ist gemischt, mal House und Electro, mal Salsa- und Kizomba-Party. www.muttermilch-stuttgart.de

Penthouse (Heilbronner Str. 385): Das riesige Glasufo, das fast schon herausfordernd in Feuerbach thront, beherbergt eine riesige Disco mit etwas extravaganterem Touch und einer wunderschönen Terrasse fürs Feiern und Chillen unter freiem Himmel. Auf den drei

Dancefloors werden Black, House oder aktuelle Hits gespielt. Lichteffekte, Getränke-Specials zu meist früherer Stunde usw. bieten alles, was das Herz von Großraumdisco-Liebhabern höher schlagen lässt. www.penthousestuttgart.de

Perkins Park (Stresemannstr. 39): Am Killesberg liegt die Großraumdisco Perkins Park, die dem legendären New Yorker Studio 54 nachempfunden ist und früher mit ihrem noblen Stil zahlreiche Promis anlockte. Inzwischen gehen aber vor allem junge und sehr junge Leute dort feiern. Immer am zweiten Freitag im Monat findet die Studentenparty „Students@Perkins Park" statt. Dann gibt es vergünstigten Eintritt für Gäste mit Studentenausweis und diverse Getränke-Specials. www.perkins-park.de

ProTON (Königstr. 49): Ein Hip-Hop-Club ganz im US-Style. Das ist bestimmt nicht jedermanns Sache, denn hier reserviert man VIP-Tische und VIP-Shisha-Lounges. Als wäre das noch nicht dicke Hose genug, kannst du dich obendrein mit einer Limousine zum Club chauffieren lassen. Das Partyvolk ist hier manchmal auch etwas rabiater, aber wer auf Crunk, Dirty South und RnB steht, wird sich in Stuttgart nirgends die Füße so wundtanzen wie hier. www.protontheclub.de

Romy S. (Lange Str. 7): Die Location ist ein gelungener Stilmix aus roten Plüschwänden, Discokugel und großen Spiegeln. Die musikalische Reise dazu geht in Richtung House und Techno. Das Romy S. – übrigens benannt nach der großen Schauspielerin Romy Schneider – holt sich regelmäßig internationale Top-Acts ins Haus. Das

endlich Stuttgart endlich

endlich Stuttgart

macht den kleinen Club richtig beliebt, hat aber den Nachteil, dass es bei hochkarätigen Bookings schnell proppenvoll ist. www.romy-s.de

Schocken (Hirschstr. 36): Wegen der ausgelassenen Partyabende ist das Schocken ein absoluter Lieblingsclub der studentischen und alternativen Szene. Der Club zeigt sich sehr vielseitig und so werden neben schweißtreibenden Partys (die oftmals keinen oder nur wenig Eintritt kosten) auch Indie- und Rockkonzerte sowie jeden Sonntag ein Tatort-Rudelguck-Abend veranstaltet. Musikalisch ist querbeet alles dabei – Hauptsache tanzbar. www.club-schocken.de

Schräglage (Hirschstr. 14): Einige Häuser weiter findest du den In-Treff der Stuttgarter Skater und Hip-Hop-Fans. In der Schräglage hängen nicht nur überall Boards an der Wand, sondern es wird stilecht auf einer Halfpipe gefeiert. An der Bar bekommst du deine Drinks immer schnell, auch wenn es am Wochenende voll wird. Wer früh dran ist, kann sich im Schräglage-Restaurant Meals&More noch vor der eigentlichen Party stärken. www.schraeglage.tv

Tonstudio (Theodor-Heuss-Str. 23): Dass Stuttgart Hip-Hop-City ist, merkst du auch im Tonstudio, das übrigens tatsächlich mal eines war (sogar Freundeskreis haben hier schon Songs aufgenommen). Diese Vergangenheit siehst du dem Laden nicht nur heute noch an, du hörst es vor allem auch. Denn die fetten Beats klingen hier wirklich einwandfrei. Der Schwerpunkt liegt eindeutig auf Hip-Hop-Styles, aber auch Electro-Sounds sind im Tonstudio gern gesehene Gäste. www.tonstudio.fm

Transit/Bergamo (Geißstr. 7; Töpferstr. 5): Eine Location – zwei Namen: Von Sonntag bis Donnerstag betrittst du das Bergamo von der Töpferstraße aus und findest eine kleine, chillige Bar. Am Freitag und Samstag führt dich der Eingang auf der Geißstraße ins Transit – einen Hipsterclub mit Electro, House und Hip-Hop-Musik. www.transitbar.de

Village (Königstr. 22): Du willst Großraumdisco? Hier kriegst du sie – und zwar mitten in der Innenstadt. Mit Lichtshow, vier verschiedenen Floors, Getränke-Specials und allem, was man eben sonst noch so erwartet, wenn man sich auf den Weg in eine Riesendisco macht. www.village-stuttgart.de

Wagenhallen (Innerer Nordbahnhof 1): Die Zeiten, in denen hier einmal Bahnwaggons parkten, sind längst vorbei. Heute mieten sich Künstler die Räumlichkeiten, drinnen legen die unterschiedlichsten DJs auf und es gibt einen wunderhübschen Biergarten. Ob du in dieser Backsteinhalle nun Balkanpartys feierst, Ausstellungen und Konzerte besuchst oder zu Electro abgehst, die Wagenhallen sind alles andere als Mainstream und haben einfach das Potenzial zum Lieblingsort! www.wagenhallen.de

Zollamt (Frachtstr. 25): Direkt am Neckar gelegen, punktet das Zollamt mit einem großen Bereich zum Draußensitzen, einem Partywaggon und gleich drei Dancefloors. Bekannt ist es vor allem für seine Ü-30-Feten, du kannst hier aber auch auf der Gothic-Party, zu

Dark Wave und Industrial oder zu den besten Pop- und Rockhits der 80er und 90er die Nacht durchtanzen. Das Programm lässt sich einfach in keine Schublade stecken und genauso wenig funktioniert das mit den Gästen. www.club-zollamt.de

Zwölfzehn (Paulinenstr. 45): Ein kuschelige Indie-Location, die vor allem Ansehen für ihr tolles Konzertprogramm genießt. Wenn gerade keine Band auftritt, legen die DJs guten Electro, viel Indie und ein bisschen Hip-Hop, Dancehall oder Folk auf. Das Publikum hier ist immer ziemlich entspannt. www.zwoelfzehn.de

Uni-Partys

Du willst tanzen gehen, hast aber keine Lust auf Türsteher, Schicki-micki und teure Getränke? Dann runter vom Sofa, denn irgendwo steigt sicher eine Uni-Party. Da kannst du dich ganz entspannt mit einem Bier an die Theke setzen, Freunde treffen und einfach Spaß haben. Auch wenn alles nicht so durchgestylt ist wie im Club und kein weltbekannter Top-DJ auflegt, sondern deine Kommilitonin, sind am Ende oft gerade das die besten Nächte!

Erstsemesterparty UNO

Nach der offiziellen Begrüßungsveranstaltung „Avete Academici" an der Uni Stuttgart heißen zu Beginn jedes Wintersemesters auch die Studenten die Neuen willkommen – und zwar mit der großen **Erstsemesterparty UNO**. Für Erstis kostet der Eintritt nur 1 Euro, es gibt günstiges Bier, Cocktails, Longdrinks und sogar was zu essen, alles organisiert von der Studierendenvertretung. So kannst du in entspannter Atmosphäre deine neuen Kommilitonen kennenlernen.

Fachschaftspartys

An der Uni Stuttgart und auch an der Uni Hohenheim im Süden Stuttgarts sind einige Fachschaften aktiv, die über das ganze Jahr verteilt Studentenpartys organisieren.

Legendär ist beispielsweise das **Maschinenbauerfest**, das einmal im Jahr stattfindet und schon so manchem Maschinenbauer geholfen hat, eine Freundin zu finden. Die Fachschaft Elektro- und Informationstechnik EI richtet jedes Jahr eine Semesteranfangsparty namens **eMotions** aus. Zuletzt haben sich die beiden Fachschaften

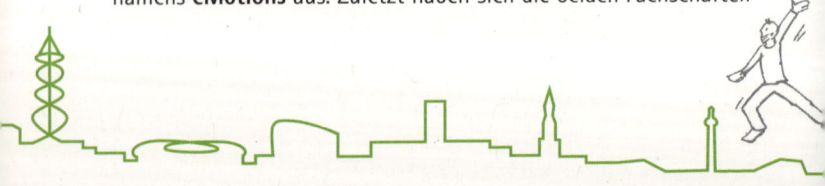

sogar zusammengeschlossen und schmeißen nun zu Beginn des Sommersemesters eine große **ETI meets MACH-Sause**.

Und auch die BWL-Fachschaft ist partyerprobt. Beim **BWL-Fest** verwandelt sich das K2 (Kollegiengebäude 2) auf dem Campus Stadtmitte in einen heißen Dancefloor. Die Wirtschaftswissenschaftler der Uni Hohenheim feiern hingegen die allseits beliebte **Klischee Party – Sei was du studierst**. Also treib die Klischees zu deinem Studiengang auf die Spitze und zieh mit dem coolsten Kostüm alle Blicke auf dich.

Welche Partys das Semester über sonst noch anstehen, liegt auch immer daran, wie aktiv die Fachschaften – bzw. in Stuttgart nennt man sie eigentlich korrekt Fachgruppen – gerade sind. Auf den Seiten der Fachgruppen gibt's Infos darüber, ob und wann die nächste Party ins Haus steht. Aber im Zweifel werden dir im Vorfeld sowieso die bunten Plakate auf den Unigeländen und in der Stadt ins Auge fallen. www.stuvus.uni-stuttgart.de --> Fachgruppen --> Übersicht

Wohnheimfeste

Ganze 33 Wohnheime unterhält das Studierendenwerk Stuttgart – und wo viele Studenten auf einem Raum wohnen, da wird natürlich auch gefeiert. Besonders gut für Feste eignen sich die Wohnheime **Pfaffenhof I und II**. Die haben nämlich mit der Sansibar einen eigenen Partyraum, in dem immer mittwochs Barbetrieb ist und getanzt wird. Und auch im Dachcafé des **Max-Kade-Hauses** finden regelmäßig Wohnheimfeste statt.

Das **Bauhäusle** ist das etwas andere Wohnheim in Stuttgart – die kleine Anlage auf dem Campus Vaihingen wurde nämlich von Architektur-Studenten entworfen und selbst gebaut und ist darum in seiner Form wirklich einzigartig. Es lohnt sich auf jeden Fall, dir das besondere Anwesen bei einem der kleinen, feinen Wohnheimfeste mal etwas näher anschauen.

endlich **Stuttgart** endlich

endlich **Stuttgart**

Der nächtliche Heißhunger

Wer kennt ihn nicht, den plötzlichen Heißhunger auf dem Heimweg? Nach einer ordentlichen Dosis Alkohol will dein Körper Zucker, Salz, Mineralien und Fett! Aber muss es immer eine Fast-Food-Kette sein? Klar, die gibt es hier auch, aber obwohl die Stuttgarter eher als Frühaufsteher denn als Nachteulen bekannt sind, versorgen dich einige Bistros und Imbisse auch noch zu später Stunde.

Der Brunnenwirt (Leonhardsplatz 25) ist Kult und seine Currywurst Spezial ein Highlight der Stuttgarter Fast-Food-Szene, da sind sich alle einig. Auch schwäbische Spezialitäten wie Fleischküchle und Schweinebauch kannst du dir hier als Fleischfan noch zu später Stunde schmecken lassen. (Mo–Sa bis 3.00 Uhr, So bis 1.00 Uhr)

Tapas, Tapas, Tapas – im **Cortijo** (Eberhardstr. 10) kannst du sie dir warm oder kalt aus der Vitrine aussuchen. Serrano-Schinken, Oliven im Speckmantel, Patatas fritas, Aioli und Sardellen ... mmh! Diese Köstlichkeiten schmecken natürlich besser als jeder 08/15-Burger. (So–Do bis 3.00 Uhr, Fr–Sa bis 5.00 Uhr) www.cortijo-stuttgart.de

Wenn es richtig, richtig spät oder besser gesagt früh wird, ist **Gül Kebap** (Nadlerstr. 18) die beste Adresse. Schön zentral gelegen, eignet er sich super für die After-Party, nachdem du auf der Theo unterwegs warst. Dass du hier oft auch nachts Schlange stehen musst, ist ein gutes Zeichen: Die Atmosphäre ist nett und es schmeckt halt! (So–Do bis 5.00 Uhr, Fr–Sa bis 7.00 Uhr) www.guelkebap.com

Dass Fast Food nicht immer aus Fleisch bestehen muss, beweist der **Vegi Voodoo King** (Steinstr. 13). Vegetarische und vegane Falafel-Variationen mit Mango Chutney oder Sesamsoße und handgeschnitzte Pommes – da läuft auch dem überzeugtesten Fleischesser das Wasser im Mund zusammen. (Mo–Mi bis 0.30 Uhr, Do bis 2.00 Uhr, Fr–Sa bis 4.00 Uhr) www.facebook.com/VegiStuttgart

Frühes Frühstück

Manchmal wird es so spät, dass es schon wieder früh ist. Wenn du die Nacht durchgetanzt hast und der Himmel sich auf deinem Weg nach Hause bereits erhellt, dann hast du vielleicht keine Lust mehr auf Döner und Burger, sondern willst was frühstücken gehen, bevor du dich zufrieden ins Bett fallen lässt. Aber wer öffnet schon so früh seine Pforten?

Im schönen **Café Chamäleon** (Eberhardstr. 35) ist es immer etwas voll, aber bestimmt noch nicht morgens um 6.30 Uhr. Und so lohnt sich ein kleiner Abstecher nach der Party. Zu zweit unbedingt das Frühstück XXL für zwei wählen. (Mo-Sa ab 6.15 Uhr, So ab 9.00 Uhr) www.hafendoerfer.com --> Café Chamäleon

Müsli, Ofenschlupfer, Frühstücksei: Kuchen und Frühstück sind im **König X** (Wagnerstr. 26) aller erste Sahne. Ansonsten ist die Konditorei klein und ruhig – hier holst du dir deinen Vitaminkick, wenn dir morgens noch der Schädel brummt. (Mo-Sa ab 7.00 Uhr, So ab 11.00 Uhr) --> Noch mehr Frühstück und Brunch gibt's im Kapitel „Sonntage" S. 165

Der Weg nach Hause

Ausgefeiert! Jetzt willst du nur noch nach Hause. Wenn du zentral wohnst, dann ist das normalerweise relativ unproblematisch, denn in Stuttgart wird vor allem in der Stadtmitte gefeiert. Ins Heusteigviertel, nach Feuersee und Vogelsang kommst du, wenn's drauf ankommt, auch zu Fuß.

In die Südstadt, die Weststadt und an den Killesberg bist du relativ entspannt mit dem Fahrrad unterwegs. Nach Bad Cannstatt radelst du von der Theodor-Heuss aus in 20 Minuten. Und um in den Studentenbezirk Stuttgart-Vaihingen zu gelangen, musst du schon ganze 45 Minuten in die Pedale treten, puh!

endlich Stuttgart   endlich

endlich   Stuttgart

Da lohnt es sich manchmal zu später Stunde, doch lieber auf Bus und Bahn umzusteigen. Unter der Woche fahren die letzten Straßenbahnen, U- und S-Bahnen gegen 1.00 Uhr und die ersten wieder ab 5.00 Uhr morgens. An den Wochenenden und vor allen an Feiertagen bringt dich die S-Bahn (Linien S1 bis S6) je einmal stündlich, dafür aber rund um die Uhr, nach Hause.

In Stuttgart kümmern sich außerdem die **Nachtbusse** um deine sichere Ankunft zu Hause, damit du auch in abgelegene Stadtteile oder Landkreise wie Böblingen, Esslingen, Ludwigsburg und den Rems-Murr-Kreis kommst. Die Nachtbusse warten am Wochenende und vor Feiertagen an einigen S-Bahnhöfen oder ganz zentral am Schlossplatz auf dich. Im Stuttgarter Stadtgebiet sind die Nachtbusse übrigens zusätzlich in der Nacht von Donnerstag auf Freitag unterwegs. www.vvs.de/nachtverkehr

In den Nacht-S-Bahnen und Nachtbussen gilt der normale VVS-Tarif Du musst also keinen Nachtzuschlag zahlen!

Mitten in der Nacht und der Bus fährt nicht bis zu deiner Haltestelle? **Ruftaxis**, die im Anschluss an deinen Nachtbus fahren – die sogenannten **Nachttaxis** –, fahren die verbleibende Strecke, die der Bus nicht abdeckt. Ruftaxis musst du 30 bis 60 Minuten vor Abfahrt telefonisch bestellen, denn sie haben zwar wie Bus und Bahn einen Fahrplan, verkehren allerdings nur auf Nachfrage.

Sie starten in der Regel von S-Bahn-Stationen oder Bahnhöfen. Wenn du dem Fahrer dein gültiges VVS-Ticket vorzeigst, musst du für die Fahrt zur Zielhaltestelle lediglich einen Zuschlag von ca. 1,50 bis 6 Euro zahlen und nicht den vollen Taxi-Preis. Eine Liste mit

allen Strecken und Telefonnummern der zuständigen Ruftaxilinien im VVS-Gebiet findest du unter www.vvs.de --> rundum mobil --> Ruftaxis

Du hast keine Lust, von Fahrplänen abhängig zu sein und willst nicht nur bis zur Haltestelle, sondern direkt bis vor deine Haustür gebracht werden? Dann ruf oder schnapp dir ein reguläres **Taxi**. Aber stell dich in Stuttgart besser vorher schon auf die gesalzenen Preise ein, sonst bekommst du beim Blick aufs Taxometer schnell Schnappatmung. An Hotspots wie der Theodor-Heuss-Straße oder vor großen Clubs warten übrigens meist schon mehrere Taxis abfahrbereit.

Ein besonderer Service in Stuttgart sind die **Frauen-Nacht-Taxis** – für Frauen, die nach 20.00 Uhr alleine unterwegs sind. Melde deinen Taxi-Wunsch am besten direkt beim Einsteigen in die Stadt- oder Straßenbahn dem Fahrer, in den S-Bahnen gibt es für diesen Zweck eine Sprechanlage im Türbereich. Das erspart dir langes Warten aufs Taxi an deiner Zielhaltestelle.

Ist gerade weit und breit kein Taxi in Sicht? Dann kannst du dir hier rund um die Uhr eins rufen:

Taxi-Auto-Zentrale Stuttgart
0711/55 10 000
www.taxi-auto-zentrale.de

Erwähne außerdem immer sofort, dass du ein Frauen-Nacht-Taxi bestellen willst, denn die SSB übernimmt bei jeder Fahrt 5 Euro. Deine Taxirechnung verringert sich am Ende also um diesen Betrag. So kommst du günstiger und in jedem Fall sicher nach Hause. www.ssb-ag.de

endlich Stuttgart endlich

endlich Stuttgart

Kirche

Kirche

Kirche

g

aus

geschlossen

aus

brunchen

Kühlschrank leer les

Kühlschrank leer

brunchen

Sonntage

Sonntage

Sonntage

geschlossen.

Kühlschrank leer

Kirche

brunchen

geschlossen

brunchen

geschlossen

Kühlschrank leer

Kühlschrank leer

Kirche

Kühlschrank leer

Geschafft! Es ist Sonntag! Morgens bleibt der Wecker stumm und es wartet ein Tag voller Entspannung und schöner Dinge auf dich. Irgendwann hast du dich dann aus dem kuscheligen Bett geschält und freust dich auf ein gemütliches Sonntagsfrühstück. Doch dann: Kühlschrank leer, Brotkorb leer – in der ganzen Wohnung kannst du nichts Essbares auftreiben, außer der kalten Pizza von letzter Nacht. Jetzt solltest du Ruhe bewahren, denn es gibt ja bekanntlich für jedes Problem auch eine Lösung:

Notfalleinkauf

Wie überall sonst haben die Supermärkte in Stuttgart ebenfalls am Sonntag geschlossen. Keine Panik, die ein oder andere Einkaufsmöglichkeit findest du trotzdem:

Der **Hauptbahnhof** (Arnulf-Klett-Platz 2) bietet über 40 Geschäfte zum Einkaufen und Schlemmen. Im **SPAR express** bekommst du alles, was dir aus dem Supermarkt fehlt. Dort ist es zwar ein klein wenig teurer, dafür kannst du in Ruhe alle nötigen Lebensmittel besorgen, um den Sonntag zu überstehen. Am Bahnhof findest du außerdem zahlreiche Bäckereien, die dich auch sonntags mit frischen Backwaren versorgen. www.einkaufsbahnhof.de --> Stuttgart H

Eine andere Möglichkeit ist der klassische Abstecher zur **Tanke um die Ecke**. Dort sind die Preise in der Regel zwar noch teurer und du bekommst je nach Größe der Tankstelle oft wirklich nur das Nötigste, aber für den Notfall tut's das auch.

Es gibt außerdem einige **Bäckereien**, die sonntags geöffnet haben:

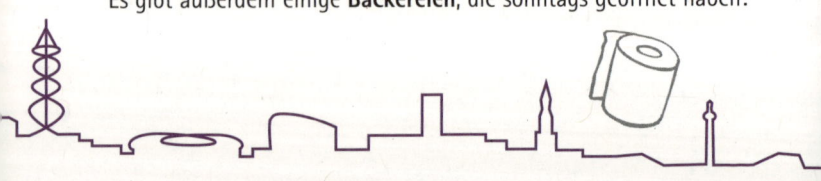

Einige Filialen der **Bäckerei & Konditorei Lang** bedienen dich sonntags sogar bis 18.00 Uhr. Darunter eine in der Innenstadt (Königstr. 4) und eine in Degerloch (Eppelstr. 3). Alle Filialen und Öffnungszeiten findest du unter: www.baecker-lang.de --> unsere Bäckereien

Rund um die Königstraße haben am Sonntag natürlich einige weitere Bäckereien geöffnet. Am Schwabenzentrum (Eberhardstr. 35) befindet sich das von der kleinen **Bäckerei Hafendörfer** betriebene Café Chamäleon. Sonntags bekommst du hier von 9.00 bis 18.00 Uhr allerlei Leckeres. www.hafendoerfer.com --> Café Chamäleon

Im **Backparadies** (Vaihinger Str. 45) in Möhringen kannst du von 9.00 bis 13.00 Uhr ein leckeres Frühstücksbüffet genießen. Kommst du dafür zu spät, hast du noch bis 17.00 Uhr die Chance, dich mit Brot und Brötchen einzudecken. Eine Filiale in der Nähe vom Marienplatz (Tübinger Str. 88) öffnet sonntags immerhin von 8.00 bis 11.00 Uhr. www.dasbackparadies.de

Für Sonntage, an denen du einfach nicht aus dem Bett willst, gibt's den Lieferservice **Morgengold**. Der bringt dir für einen kleinen Aufpreis die Brötchen direkt bis vor deine Haustür. www.morgengold.de

Brunchen

Klar, wer spät aufsteht, kann auch erst spät frühstücken. Dafür aber umso mehr. Und das nennt man dann Brunch. In Stuttgart gibt es zahlreiche Cafés und Restaurants, die dich am Sonntagvormittag mit kalten und warmen Leckereien verwöhnen:

Im **87** (König-Karl-Str. 87, 10.00-15.00 Uhr) findet jeden Sonntag ein Brunch mit hausgemachten Pancakes, Müsli, frischen Salaten und noch mehr Köstlichem statt. Hier schlemmst du in schickem Industrie-Ambiente mit zusammengewürfelten Möbeln und losen Glühbirnen für 14,50 Euro (Kinder: 7 Euro). www.87-stuttgart.de

endlich Stuttgart

endlich

endlich Stuttgart

Das **Amadeus** (Charlottenstr. 17, 10.00-15.00 Uhr) mitten in Stuttgart lädt für 21 Euro (Kinder: 10,50 Euro) zum ausgiebigen Brunch ein. Starten kannst du mit frischgebackenen Brötchen, Müsli, Obstsalat, Pancakes, Antipasti und Salaten, bevor es dann mit einer Auswahl warmer Hauptgerichte weitergeht. Ein Glas Orangensaft ist im Preis inbegriffen, alle anderen Getränke werden extra berechnet. www.amadeus-stuttgart.de

Das **Brauhaus Calwer-Eck** (Calwer Str. 31, 10.00-14.00 Uhr) bietet schon für 12,90 Euro einen „All-you-can-eat"-Brunch in uriger Atmosphäre. Am Buffet findest du sowohl kalte, als auch zahlreiche warme Leckereien und die Platten und Töpfe werden immer zügig aufgefüllt – hier muss niemand lange warten.
www.brauhaus-calwereck.de

Veganer sind im **Coox and Candy** (Sulzbachgasse 14, 10.30-14.00 Uhr) an der richtigen Adresse. Hier gibt's jeden Sonntag reichlich vegane Speisen, wie selbstgemachte süße und herzhafte

Aufstriche, eine große Auswahl an Brötchen und Croissants, Salatvariationen, Süßspeisen, glutenfreie Kuchen und warme Gerichte. Die feine Schlemmerei kostet dich 17,50 Euro (Kinder: 8,50 Euro).
www.coox-candy.de

Im **Lichtblick** (Reinsburgstr. 13, 10.00-14.00 Uhr) bekommst du für 21,50 Euro ein umfangreiches Brunch-Buffet: Kaffee, Tee, Croissants, Mozzarella und Tomaten, frisches Obst, Rührei mit Speck, Weißwürste, mariniertes Gemüse, Waffeln und abwechslungsreiche warme Speisen. Hier ist es richtig gemütlich und der herrlich grüne Garten lädt zum entspannten Sonnen ein. Reservierung erforderlich. www.lichtblickstuttgart.de

Das **Pilum** im Römerkastell (Nastr. 5, 10.30-14.00 Uhr) veranstaltet jeden Sonntag einen großen Brunch. Für stolze 23,50 Euro gibt es hier aber auch alles, was dein Herz begehrt: Müsli und Eier in allen Varianten, Bratkartoffeln, gebratenen Speck, eine Käse- und Wurstplatte, Vorspeisen und Salate. Außerdem zwei warme Gerichte – eins mit und eins ohne Fleisch. www.daspilum.de

Im **Taverna Yol** (Spittastr. 2, 10.00-14.00 Uhr) gibt es hausgemachte Spezialitäten in warmen und kalten Variationen, frische Früchte und türkischen Schwarztee, so viel du trinken kannst. Die Kosten liegen bei 15,50 Euro und es ist auch genug Platz für größere Gelage mit der Familie oder Freunden. www.tavernayol.de

Jeden Sonn- und Feiertag bekommst du im **Zadu** (Reuchlinstr. 4b, 10.00-15.00 Uhr) für 12,60 Euro neben dem Standard-Brunchprogramm Mozzarella, Weißwürste, Kuchen, Windbeutel, Birchermüsli, Salate und Waffeln zum Selberbacken. Nur die Getränke, die sind nicht im Preis inbegriffen. Ihr solltet am besten reservieren! www.zadu.de

endlich **Stuttgart** endlich

endlich **Stuttgart**

Wenn's mal etwas Besonderes sein darf

Der **Airport Brunch im Red Baron** (Flughafen Stuttgart, Terminal 1, 10.00-14.00 Uhr): Für 36 Euro gibt's ausgewählte Vorspeisen, heiße Suppen, Hauptgänge, kalte Naschereien sowie Begrüßungssekt, Kaffee und Tee. Hier ist einfach alles inklusive. www.redbaron-airport.de

Im **Pier 51** (Löffelstr. 22, 10.00-14.00 Uhr) startet jeden Sonntag der gigantische Sunday Family Brunch. 32,80 Euro (Kinder bis 6 Jahre essen umsonst, von 6-12 Jahren kostet es die Hälfte) sind ein stolzer Preis, dafür stimmt aber auch die Leistung: Neben Frühstücksklassikern bekommst du mediterrane Vorspeisen, frische Pasta, Fleisch- und Fischgerichte und viele Beilagen.

Aber das Beste kommt zum Schluss: Da werden köstliche Desserts wie Mousse au chocolat, Tiramisu und verschiedene Crèmes aufgetischt. Bis 12.00 Uhr gibt's Säfte an der Saftbar, inklusive sind ein Kaffee, ein Glas Prosecco und Tafelwasser. www.pier51-stuttgart.de

Besonderes Frühstück

Für 25 Euro gibt es im **Café 5** (Bolzstr. 8) von 10.00-14.00 Uhr ein ausgiebiges und exquisites Film-Frühstück. Nach einer Stunde ausgiebigen Schlemmens wird ab 11.00 Uhr auf Großbildleinwand ein berühmter Filmklassiker à la „Chocolat" gezeigt. Natürlich kann und soll während des Films weiter von den Ziegenkäselollis, der Kalbsfleischpastete, den Datteln und Aprikosen im Speckmantel und dem frischen Brot gegessen werden. Getränke kosten extra. www.5.fo

Du willst neue Leute kennenlernen? Das kannst du ganz gemütlich und unkompliziert beim **Frühstückstreff**. Jeden dritten Sonntag im Monat trifft sich die offene Runde von 11.00-13.00 Uhr im Café Treppe (Kleiner Schlossplatz 13-15) direkt am Schlossplatz. www.stuttgart.fruehstueckstreff.de

Kirche

Für manche ist der Sonntag Tag der Kirche und damit steht am Morgen als erstes ein Gottesdienst auf dem Programm. In Stuttgart leben rund 600.000 Menschen mit ganz verschiedenen religiösen Überzeugungen und Hintergründen. Und für fast jede dieser Glaubensrichtungen gibt es Einrichtungen, in denen der jeweilige Glaube gelebt werden kann. Je nach Religion ist dafür natürlich nicht unbedingt der Sonntag der prädestinierte Tag.

Die Webseite der Stadt Stuttgart zeigt dir, wie du am schnellsten zum gewünschten Gottesdienst gelangst und wann dieser stattfindet. www.stuttgart.de --> Leben in Stuttgart
--> Religion und Weltanschauung

Eine lebensnahe Predigt, viel Musik und dazu eine knackige, fröhliche Moderation – das ist mal ein Gottesdienst der anderen Sorte. Der „Gottesdienst für junge Leute" findet jeden Sonntag um 16.30 Uhr (mit Kindergottesdienst) und um 19.00 Uhr in der **Martinskirche** (Nordbahnhofstr. 58) statt. www.jesustreff.de

Sonntagsspaziergang

So ein Spaziergang ist was Feines. Du kannst die Sonne genießen, abschalten oder dich in Gesellschaft austauschen. Für manche ist bereits der Schaufensterbummel ein Spaziergang, andere zieht es raus in die Natur. Ob das Ziel ein Café, eine Sehenswürdigkeit oder der Weg selbst ist – alles findest du irgendwo in oder um Stuttgart.

endlich   Stuttgart   endlich

endlich   endlich   Stuttgart

Für Fans von idyllischen Spaziergängen: Nach einem Drei-Kilometer-Marsch entlang der Stauseenkette im Stuttgarter Westen ist das **Bärenschlössle** im Rotwildpark (Mahdentalstr. 14) ein tolles Ziel. Dort angekommen gibt's Grillstellen mit Baumstämmen zum Sitzen oder alternativ das Restaurant Bärenschlössle.
www.baerenschloessle-stuttgart.de

Auf dem Weg vom Ferdinand-Porsche-Gymnasium zum Wetteramt am Schnarrenberg kannst du einen Spaziergang ganz im Zeichen der Sonne machen. Die Stadt hat hier auf dem **Sonnen-Lehrpfad** allerlei Wissenswertes zum Thema Sonne zusammengestellt. Je nach Gehtempo braucht man für diesen „Lehrgang" eineinhalb bis zwei Stunden. Und wenn dir das zu kurz war, kannst du vom Wetteramt aus noch weiter zum Max-Eyth-See wandern und dir dort ein Tret-, Ruder- oder Elektroboot mieten.
www.stadtklima-stuttgart.de --> Klima --> Sonnen-Lehrpfad

Du hast Spaß am Treppensteigen? Dann sind die **Stuttgarter Stäffele** ein absolutes Muss für deinen Spaziergang! Die historischen Treppen mit einer Gesamtlänge von fast 30 km ziehen sich durch die ganze Stadt. Natürlich kannst du sie auf eigene Faust erkunden und dabei deine Kondition unter Beweis stellen.

Es gibt aber auch eine Menge geführter **Stäffeles-Touren**. Los geht's mitten in der Stadt, z. B. direkt im Schlossgarten oder am Hauptbahnhof. Unterwegs lernst du im Vorbeigehen Stuttgarts besondere Ecken und Plätze kennen und abschließend kannst du die herrliche Aussicht auf den Kessel genießen. Von der Nacht- bis zur Mops-Tour ist da für jeden begeisterten Treppensteiger was dabei.
www.stuttgarter-staeffelestour.de

Das **Grüne U** ist ein 8 km langer, u-förmiger Grünzug, der Stuttgarts Parks und Gärten verbindet. Er führt von den Schlossgartenanlagen über den Park der Villa Berg, den Rosensteinpark mit Wilhelma, den Leibfriedschen Garten und den Wartberg bis zum Höhenpark

Killesberg. Das Grüne U ist landschaftlich und gestalterisch wirklich schön und gewährt dir einen Einblick in die Gartengeschichte Stuttgarts. Und egal in welchem Teil des Us du gerade bist, gelangst du mit U- oder S-Bahn immer schnell zurück ins Stadtzentrum.

Mit der **Wilhelma** steht in Stuttgart der einzige zoologisch-botanische Garten Deutschlands. Hier kannst du über 1.000 Tier- und etwa 7.000 Pflanzenarten erleben. Eine europaweite Besonderheit ist das große Menschenaffenhaus mit angeschlossenem Gorilla-Kindergarten. Die Wilhelma hat ganze 365 Tage im Jahr geöffnet, denn ein Besuch lohnt sich einfach zu jeder Jahreszeit!
www.wilhelma.de

Ausflüge um die Ecke

Ein schöner, sonniger Sonntag ist der perfekte Zeitpunkt, um auch mal die Umgebung von Stuttgart zu erkunden:

Esslingen

Esslingen ist die direkte Nachbarstadt Stuttgarts und schnell mit öffentlichen Verkehrsmitteln (S- und Regionalbahn) erreichbar. Ein einziger Sonntag reicht gar nicht aus, um die wunderschöne Altstadt und all ihre tollen Plätze und Ecken zu erkunden:

Auf dem **Neckarhaldenweg** hast du einen tollen Ausblick auf die historische Altstadt und das Neckartal. Die Tour führt dich von der Esslinger Frauenkirche (Untere Beutau 7, 73728 Esslingen) quer durch die Weinberge und Streuobstwiesen. Der Aufstieg zum Stadtteil Neckarhalde ist ziemlich steil, insgesamt dauert die Strecke bei gemütlichem Lauftempo aber höchstens eine Stunde. Oben angekommen kannst du dich im **Hotel Kelter** (Kelterstr. 104, 73733 Esslingen) erfrischen. www.hotelkelter-esslingen.de

Das historische Ambiente, die malerische Parkanlage und der einmalige Blick über Esslingen bis hin zur Schwäbischen Alb machen den Besuch der **Esslinger Burg** zu einem Muss. Schon von der Altstadt aus siehst du die beeindruckende Burganlage mit dem gewaltigen Turm emporragen. Du gelangst zu Fuß wahlweise über eine lange Treppe oder einen steilen Weg durch die Weinberge hinauf zur Burg. Die Anlage ist frei zugänglich und wird im Sommer als Bühne für Open-Air-Kinovorführungen und Konzerte genutzt.

Ein Ausflug nach Esslingen lohnt sich aber bereits, um „nur" einen gemütlichen **Altstadtbummel** durch die Fußgängerzone mit all ihren verwinkelten Gassen und den historischen Fachwerkhäusern zu machen. Dabei solltest du unbedingt einen Abstecher zum Rathausplatz einplanen: Dort steht das **Alte Rathaus**, das zu den prachtvollsten Bauwerken des historischen Stadtkerns gehört. Von seiner Spitze ertönt täglich ein Glockenspiel (8.00, 12.00, 15.00, 18.00 und 19.30 Uhr) und begleitet musikalisch die ein oder andere Hochzeit, die vor dieser malerischen Kulisse gefeiert wird. www.esslingen.de

--> kulturell.es
--> Musik und Musikschule
--> Glockenspiel

Ludwigsburg

Auch Ludwigsburg ist nicht weit von Stuttgart entfernt und kann schnell mit öffentlichen Verkehrsmitteln erreicht werden:

Rings um das mächtige **Residenzschloss** (Schlossstr. 30, 71634 Ludwigsburg) erstreckt sich das **Blühende Barock**: In der weitläufigen Gartenanlage flanierst du entlang akkurat angelegter Blumenbeete, großer Bäume, Springbrunnen und Vogelvolieren. Mitten in diesem Blütenmeer befindet sich der zauberhafte und liebevoll gestaltete **Märchengarten**: Ein mittelalterlicher Rapunzelturm, ein papierfressender Drache und viele Märchenszenen versetzen dich garantiert in deine Kindheit zurück. www.blueba.de

In der Ludwigsburger Innenstadt reiht sich wirklich ein Barockhaus ans andere – und mittendrin befindet sich der große **Marktplatz**. Gesäumt von geschichtsträchtigen Arkadenhäusern mit Lokalen und Läden finden hier viele große Feste und Veranstaltungen statt. Besonders reizvoll ist der Platz abends, wenn die Fassaden in stimmungsvolles Licht getaucht werden. www.ludwigsburg.de --> Tourismus --> Sehenswürdigkeiten --> Barocke Innenstadt

In der Nähe erhebt sich auf einem Bergkegel die **Festung Hohenasperg** (Schubartstr. 20, 71679 Asperg). Hinter den dicken Mauern befindet sich heute ein Krankenhaus für Gefängnisinsassen. Ein Teil des Geländes ist aber zugänglich und ermöglicht dir einen wunderschönen Panoramablick auf die Region und die umliegenden Weinberge. Zu Fuß gelangst du am besten über das „Schwitzgässle" auf den Berg – und dieser Name ist tatsächlich Programm. Nach dem Aufstieg kannst du oben auf einem Rundweg weiterspazieren und anschließend in der Schubartstube einkehren. www.asperg.de --> Tourismus, Kultur & Freizeit --> Hohenasperg

endlich **Stuttgart** endlich

endlich **Stuttgart**

Auch wenn du mal eine Erfrischung nötig hast, bist du in Ludwigsburg richtig: Von Mitte März bis Mitte Oktober hast du bei gutem Wetter die Möglichkeit, auf dem **Monrepos-See** (Monrepos 18, 71634 Ludwigsburg) vor der Kulisse des Seeschlosses Ruderboot zu fahren. www.bootsverleih-monrepos.de

Erlebnisparks

Der **Erlebnispark Tripsdrill** (74389 Cleebronn) ist eine Mischung aus Freizeit- und Wildpark und beherbergt etwa 100 Attraktionen sowie zoologische Anlagen und Museen. Der Freizeitpark lockt dich mit Achterbahnen, Parcours und Wildwasserbahnen, im Wildpark kannst du Polarwölfe, Bären und heimische Tierarten in Freigehegen beobachten. Mit Bahn und Bus bist du vom Stuttgarter Hauptbahnhof in einer guten Stunde in Tripsdrill. www.tripsdrill.de

Im Indoor-Erlebnispark **Sensapolis** (Melli-Beese-Str. 1, 71063 Sindelfingen, etwa 45 Minuten von Stuttgart) bekommst du eine Kombination aus Freizeitpark, Wissenscenter und Actionbereich geboten. Obwohl der Park eher für Kinder gedacht ist, kommen hier auch Ältere auf ihre Kosten. www.sensapolis.de

Kaffee und Kuchen

Kuchen bekommst du in fast jedem Café, doch Stuttgarts besten gibt's nur hier:

Die **Conditorei Klaiber** in Bad Cannstatt (König-Karl-Str. 18) bietet eine große Auswahl an Kuchen, Torten und feinen Desserts. Die süßen Versuchungen werden alle handgemacht und mit großer Liebe zum Detail verziert – wirklich super lecker. www.klaibers-cafe.de

Doch auch andere Cafés in Stuttgart können dir deinen Sonntagnachmittag hervorragend versüßen:

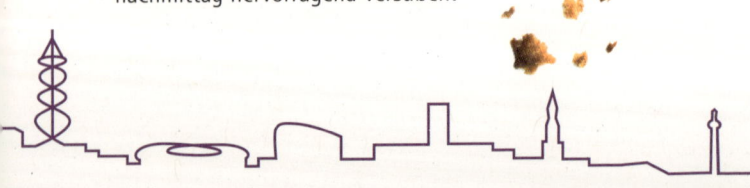

Das Café **Hüftengold** (Olgastr. 44) hat seinen Namen nicht von ungefähr: Ausgefallene Torten, Kuchen und Törtchen sowie selbstgemachtes Eis sind hier zu haben und schmecken wirklich überragend. www.hueftengold.de

Im Café **Bittersüß** (Reuchlinstr. 22) hast du nicht nur die Möglichkeit, schmackhafte Kuchen, Torten, Pralinen und Schokoladen zu kosten, sondern du kannst dich auch für einen Workshop anmelden, bei dem dir die Kunst des Pralinenhandwerks beigebracht wird. www.bittersuess-stuttgart.de

Bio-Liebhaber und 50er-Jahre-Fans können sich im Café **König X** (Wagnerstr. 26) an den köstlichen selbstgemachten Kuchen sattessen und guten Kaffee trinken. Von der Königstraße bist du in etwa zehn Fußminuten dort.

weitere Café-Tipps gibt's im Kapitel „Durst?" auf S. 94

Tatort

Sonntagabend wird gemordet, das hat Tradition. Für all diejenigen, die dabei nicht allein sein möchten, strahlt der **Club Schocken** (Hirschstr. 36) die Kult-Krimiserie aus. Hier kannst du in gemütlicher Runde fernsehen und nebenher dein Sonntagsbierchen trinken. www.club-schocken.de

Auch im **Maulwurf** (Möhringer Landstr. 9) kannst du „den Fall" in Gesellschaft von anderen Hobbykommissaren und in urigrustikaler Atmosphäre lösen, denn jeden Sonntag lädt der Maulwurf zur Tatort-Lounge mit Bier und Knabbereien; hier kannst du auch reservieren. www.maulwurf-stuttgart.de

endlich **Stuttgart** endlich

endlich **Stuttgart**

Eltern

Touris

Sightseeing

Touris

Touris

Sights

aufräumen

auf

aufräumen

aufräumen

aufräumen

Sig

Besuch
Besuch

Besuch?
Tourikram
Tourikram ...
Besuch
Tourikram ...

eing
htseeing
Eltern
ltern
Eltern
sightseeing
lich
ris
tseeing

endlich

Du wohnst noch gar nicht lange in Stuttgart, da steht schon dein erster Besuch vor der Tür! Plötzlich wirst du mit einer wichtigen Frage konfrontiert: Was muss man in Stuttgart eigentlich gesehen haben? Dir bieten sich zwei Möglichkeiten: Entweder ihr erkundet die Innenstadt mit unserer „Touri-Tour, selbst gemacht" oder ihr schließt euch einer der zahlreichen organisierten Touren an.

Touri-Tour, selbst gemacht

Für die folgende Fußtour (ca. 5 km) braucht ihr nichts weiter als dieses Buch. Ihr solltet ungefähr zwei Stunden einplanen – je nachdem, wie intensiv ihr jede Station auskostet. Den praktischen Stadtplan mit eingezeichneter Route gibt's ganz hinten im Buch.

Los geht's in der Bahnhofshalle des mittlerweile legendären **Hauptbahnhofs**. Zu dem fast hundert Jahre alten oberirdischen Kopfbahnhof gesellt sich quer dazu sein unterirdischer Nachfolger. Am Südausgang der Halle steht ❶ der **Bahnhofsturm**. Mit einem Aufzug könnt ihr kostenlos nach oben düsen und bekommt vom Dach des Turms einen weiten Ausblick auf die Stadt und die Großbaustelle „Stuttgart 21". Über dieses Projekt könnt ihr euch in den darunterliegenden Stockwerken in einer großen Ausstellung informieren.

Weiter geht's einmal quer durch die Bahnhofshalle, am Nordausgang ins Freie und rechts Richtung „Milaneo". Im Zuge des umstrittenen Bahnhofprojekts ist hier das **Europaviertel** entstanden: Vor euch erheben sich futuristische Glasburgen, sandsteinfarbene Wohngebäude und Bankhochhäuser mit begrünten Innenhöfen.

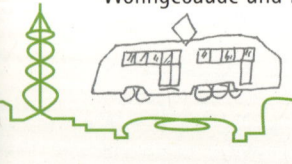

Euer Weg führt euch durch die Innenhöfe der Landesbank Baden-Württemberg, vorbei am Pariser Platz und entlang der Moskauer Straße, bis rechts ein großer Würfel steht: Die **Stadtbibliothek** ❷ (Mailänder Platz 1). Der Büchertempel wurde 2011 eröffnet und kostete stolze 80 Mio. Euro. Von außen ist er am Tag eher unansehnlich grau, nachts jedoch leuchtet der gesamte Würfel blau-weiß.

Für eine Innenbesichtigung fahrt ihr mit dem Aufzug in die 8. Etage (Mo-Sa, 9.00-21.00 Uhr) und schaut staunend in das wirklich stylische Treppenhaus hinunter. Und wer schon eine kleine Stärkung braucht, kann diese im **Café LesBar** bekommen. Auf eurem Weg über die Innentreppen nach unten dürft ihr weiterhin das beeindruckend gestaltete Innenleben der Bibliothek bewundern. www.stuttgart.de/stadtbibliothek

Direkt hinter der Bibliothek steht seit 2014 das **Milaneo**, das vor ❸ allem ein riesiges Einkaufszentrum beherbergt. Ihr geht rechts um den Gebäudekomplex herum und gelangt über eine Treppe nach unten auf die Wolframstraße.

An der viel befahrenen Straße entlang müsst ihr quer unter den Bahngleisen durch, dann über eine Fußgängerampel und schon steht ihr im **Mittleren Schlossgarten**. Der Park – Oberer, Mittlerer und Unterer Schlossgarten – kann auf eine 600jährige Geschichte zurückblicken. Vor dem See wendet ihr euch nach rechts, kommt am **Café Nil** vorbei und landet schließlich am **Biergarten im Schlossgarten**, den ihr entweder – für ein kühles Blondes – direkt ansteuert oder einfach rechts liegen lasst.

endlich Stuttgart endlich

endlich Stuttgart

Links vom Biergarten stoßt ihr nach ein paar Schritten auf die **Lusthausruine**. Das Lusthaus war ein Vergnügungsbau aus dem 16. Jahrhundert mit Wasserspielen und einem riesigen Ballsaal. Ursprünglich stand es auf dem Schlossplatz, und zwar an der Stelle,

an der heute das Kunstgebäude steht. Nach einem Brand 1902 wurde der verbliebene Treppenaufgang des Lusthauses kurzerhand in den Park versetzt.

An der Ruine biegt ihr rechts ab und lauft auf die Kuppel des **Carl-Zeiss-Planetariums** (Willy-Brandt-Str. 25) zu.
www.planetarium-stuttgart.de --> s. „kultur und so", S. 208

Jetzt geht es auf einer langen Behelfsbrücke quer über die Großbaustelle und anschließend über den Ferdinand-Leitner-Steg in den **Oberen Schlossgarten**. Hier spaziert ihr weiter geradeaus auf den Eckensee zu und dann am linken Ufer entlang. Links erblickt ihr das **Schauspielhaus** (Oberer Schlossgarten 6), das nach dem Zweiten Weltkrieg völlig neu errichtet werden musste, und die um 1910 erbaute **Oper**. Mit seinen über 1.000 Beschäftigten ist das Staatstheater Stuttgart das größte 3-Sparten-Haus der Welt! www.staatstheater-stuttgart.de
--> s. „kultur und so", S. 194

 Nebenan seht ihr den **Landtag von Baden-Württemberg**. Von **6** außen ein Nachkriegsbau in Glas und Braun-Schwarz, aber von innen erstrahlt es in neuestem Glanz. Dahinter entsteht unter der Erde das neue Bürger- und Medienzentrum. www.landtag-bw.de

Wenn ihr zwischen Oper und Landtag bis zur Konrad-Adenauer-Straße durchgeht, habt ihr einen guten Blick auf einige der wichtigsten Gebäude Stuttgarts auf der gegenüberliegenden Straßenseite. Von links nach rechts seht ihr da die **Staatsgalerie**. Sie besteht aus drei Einzelbauten aus den Jahren 1843 bis 2002 und beherbergt auch das **Kammertheater** (Konrad-Adenauer-Str. 32).

Daneben steht das **Haus der Geschichte Baden-Württemberg** (Konrad-Adenauer-Str. 16), das von Napoleon bis zum Stuttgart-21-Bauzaun mehr als 200 Jahre Geschichte präsentiert. Es folgen die goldgelbe **Musikhochschule** (Konrad-Adenauer-Straße 30) mit ihrem runden Turm und der 70er-Jahre-Bau der **Landesbibliothek** (Konrad-Adenauer-Str. 8).

Jetzt geht's zurück an den Eckensee, weiter am Ufer entlang und dann rechts um das Neue Schloss auf den **Schlossplatz**. Ihr seid auf dem zentralen Platz der Stadt angekommen – und da gibt es einiges zu sehen: Da wäre natürlich zunächst das **Neue Schloss** selbst.

Kommt es euch irgendwie bekannt vor? Das kann gut sein, denn als **7** im 18. Jahrhundert dem jungen Herzog Carl Eugen von Württemberg das Alte Schloss nicht mehr schick genug war, ließ er sich ein neues erbauen – im Versailles-Stil.
www.neues-schloss-stuttgart.de

endlich **Stuttgart** endlich
endlich **Stuttgart**

Das Gebäude links daneben, mit großem Säulengang und runder Kuppel, ist das **Kunstgebäude**. Hier residiert der **Württembergische Kunstverein** und organisiert alle paar Monate eine neue, sehenswerte Ausstellung. www.wkv-stuttgart.de

Wenn ihr euch weiter nach links dreht, seht ihr ein großes klassizistisches Eckgebäude: das **Stadtpalais Marquardt** (Königstr. 2). Früher wurde es als Hotel genutzt und zählte Prominente wie Richard Strauss zu seinen Gästen, heute beherbergt es unter anderem die nostalgischen **Innenstadtkinos**. Die eindrucksvolle Fassade blieb im Zweiten Weltkrieg fast vollständig erhalten und steht unter Denkmalschutz. www.innenstadtkinos.de

Aus der gleichen Zeit stammt der **Königsbau** (Königstr. 26), genau gegenüber vom Neuen Schloss. Er beheimatete früher die Börse und ist heute ein Einkaufszentrum.

Im Kontrast zu diesen altehrwürdigen Gebäuden steht der hypermoderne Glaskubus, der das Zuhause des **Kunstmuseums** (Kleiner Schlossplatz 1) ist. Ein Abstecher hinein lohnt sich erstens, weil ihr hier u. a. zeitgenössische Werke und bedeutende Gemälde von Otto Dix bestaunen könnt. Außerdem bietet der Kubus

eine Aussichtsplattform, von der ihr einen super Blick über die Schlossanlagen habt. www.kunstmuseum-stuttgart.de

Zuletzt seht ihr neben dem Neuen das **Alte Schloss** (Schillerplatz 6), in dem das Landesmuseum und wechselnde historische Ausstellungen untergebracht sind. Das Alte Schloss ist übrigens der Namensgeber deiner neuen Heimat: Es geht auf ein Wasserschloss aus dem 10. Jahrhundert zurück, das die Pferdezucht beherbergte: den sogenannten „Stutengarten". www.landesmuseum-stuttgart.de

Hier am Schlossplatz könnt ihr prima eine Rast einlegen. Entweder packt ihr eure selbst geschmierten Brote aus oder ihr testet eines der gastronomischen Highlights, wie beispielsweise das **Café Künstlerbund** (Schloßplatz 2), auf dessen Terrasse ihr wunderbar Kuchen essen könnt. Weitere Cafés findet ihr in der Königsbau-Passage. Aber lasst noch etwas Platz, denn gleich folgt ein Abstecher in die Markthalle – dem Stuttgarter Schlemmer-El-Dorado.

Frisch gestärkt geht es nun erst einmal weiter auf den **Schillerplatz**, rechts vom Alten Schloss. Hier seht ihr den namensgebenden Dichterfürsten in Statuenform stehen. Friedrich Schiller ist zwar kein waschechter Stuttgarter, wurde aber im nahegelegenen Örtchen Marbach am Neckar geboren. Das Gebäude mit dem spitzen Giebel ist der **Fruchtkasten** (Schillerplatz 1), der das **Haus der Musik** beherbergt. Hier könnt ihr euch kostenfrei eine wertvolle Sammlung historischer Musikinstrumente anschauen. Links daneben steht die evangelische **Stiftskirche** (Stiftsstr. 12), die übrigens Schauplatz einer alten Stuttgarter Sage ist:

Der verheiratete Herzog Eberhard Ludwig ließ eine Scheinehe zwischen Wilhelmine von Grävenitz und einem greisen Grafen arrangieren, um seine Gespielin bei sich am Stuttgarter Hof zu halten. Die machtbewusste Wilhelmine wollte ihren Einfluss auch in der evangelischen Kirche demonstrieren und bat Pfarrer Osiander von der Stiftskirche, sie namentlich in die Gebete aufzunehmen. Für den religiösen Mann stand das allerdings nicht zur Debatte. Er entgegnete ihr: „Das ist schon der Fall und zwar mit der siebten Bitte des Vaterunsers (‚Erlöse uns von dem Übel')". Damit war er seinen Job los. www.stiftskirche.de

Mehr Geschichten rund um Stuttgart gibt's im Kapitel „Mythen", S. 234

9 Vor der Kirche wendet ihr euch nach links und folgt der Dorotheenstraße bis zum Haus Nummer 4. Hier liegt die historische **Markthalle** (geöffnet Mo-Sa), die 1914 im Jugendstil erbaut wurde und das Gourmet-Herz höher schlagen lässt. Drinnen kannst du dich einmal um den Globus schnabulieren und deinen Lieblingsmarktstand ausfindig machen. www.markthalle-stuttgart.de

Nach ausgiebigem Schmausen verlasst ihr die Markthalle am besten wieder zur Dorotheenstraße und geht weiter zum **Karlsplatz**. Hier thront Kaiser Wilhelm I. auf seinem Ross und ist samstags von vielen emsigen Feilschern umgeben, denn da findet regelmäßig ein Antiquitäten-Flohmarkt statt.

10 Ihr kehrt auf die Dorotheenstraße zurück und biegt vor der Markthalle links in die Münzstraße ein. So gelangt ihr zum **Marktplatz** und zum **Rathaus**. Ja, es ist schrecklich hässlich. Nachdem der gotische Vorgänger im Zweiten Weltkrieg, wie übrigens 80 % der Stadt,

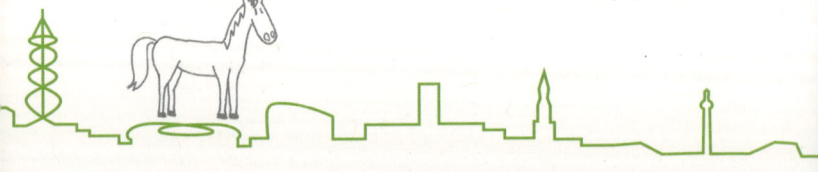

zerstört worden war, wurde 1956 dieser damals moderne Betonbau errichtet, um Geld zu sparen. Von außen ist es kein optisches Highlight, aber im Turm spielt ein Glockenspiel täglich um 11.05, 12.05, 14.35, 18.35 und 21.35 Uhr schwäbische Volkslieder.

Der Rathaus-Adventskalender

Vom Rathaus aus geht es nach links bis zur Eberhardstraße, der ihr nach rechts folgt. Das Haus mit der Nummer 53 ist die Geburtsstätte eines der berühmtesten Söhne Stuttgarts: Georg Wilhelm Friedrich Hegel. 18 Jahre lang lebte der Philosoph hier. Im **Hegel-Haus** **⓫** befindet sich heute ein Museum, das u. a. Stuttgart zur Zeit Hegels sowie Autographen des Philosophen zeigt. Der Eintritt ist frei.

Auf der anderen Straßenseite ragt der **Tagblattturm** (Eberhardstr. 61), die ehemalige Heimat des Stuttgarter Neuen Tageblatts, in den Himmel. Mit seinen 18 Etagen war er 1928 das erste Hochhaus Stuttgarts. **⓬**

Und damit ist euer Touri-Programm beendet. Jetzt habt ihr euch ein wenig Entspannung verdient – und die ist nur einen Steinwurf entfernt: Nördlich der Eberhardstraße liegen zahlreiche Bars und Studentenkneipen, in denen ihr eure Füße hochlegen und eure Eindrücke bei einem Getränk Revue passieren lassen könnt.

Organisierte Touren

Der Vorteil einer geführten Tour liegt klar auf der Hand: Du musst dich um nichts kümmern, außer eventuell Plätze zu reservieren. Dafür musst du aber auch in dein Portemonnaie greifen.

endlich Stuttgart endlich

endlich Stuttgart

Die **Stuttgart-Marketing GmbH** bietet zahlreiche Stuttgart-Touren mit unterschiedlichen Schwerpunkten an. Auf dem Programm stehen beispielsweise ein kulinarischer Abendspaziergang, eine Seilbahntour und Segway-Rudelfahren. Wenn ihr das Informative mit dem Sportlichen verbinden wollt, dann ist vielleicht das Sight-Jogging was für euch: Auf einem Rundweg lauft ihr im lockeren Jogging-Tempo durch Stuttgart, angeführt von eurem Sight-Jogging-Führer. Infos und weitere ausgefallene Touren:
www.stuttgart-tourist.de

Oliver Mirkes ist der Experte für **Stäffelestouren** und führt euch über die historischen und oft verborgenen Treppen durch die Stadt. Die Auswahl ist groß – immerhin hat Stuttgart über 400 Stäffele! Neben klassischen Stadtteiltouren könnt ihr auch an der Mops-Variante (Loriot in Stuttgart) oder an einer stimmungsvollen Nachttour teilnehmen. Eine gute Kondition ist natürlich Voraussetzung, um die vielen Stufen zu meistern. www.stuttgarter-staeffelestour.de

Schauerliche Sagen und historische Gruselgeschichten: Bei den **Stuttgarter Geister**-Führungen lernst du deine Stadt von ihrer dunklen Seite kennen. Die Spuktouren starten abends in der Dämmerung am Rathaus, für 10 Euro seid ihr dabei.
www.stuttgarter-geister.de

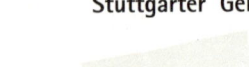

Noch mehr Stadtführungen:
k3 stadtführungen bietet Touren u.a. zur Architektur der Stadt und zu Stuttgart 21 an.
stadtfuehrungen-in-stuttgart.de

Arttours bietet kreative Führungen, z. B. eine Hör-Tour.
www.stuttg-arttours.de

Bei **Trott-war** gibt's eine alternative Stadtführung über die sozialen Schattenseiten der Stadt.
www.trott-war.de --> Projekte --> Alternative Stadtführung

Für die entspannte Sightseeing-Variante gibt es in Stuttgart **Hop-on-hop-off-Busse**, die euch ganz komfortabel von einer Sehenswürdigkeit zur nächsten transportieren. Bei gutem Wetter könnt ihr es euch auf dem oberen Deck unter freiem

Himmel gemütlich machen und Stuttgarts schönste Seiten genießen. Dank Audioguide ist diese Tour nicht nur bequem, sondern auch informativ. www.stuttgart-tourist.de --> Buchen

--> City-Tour

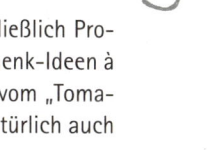

Mitbringsel

Du willst deinen Freunden in der Ferne mit einem echt schwäbischen Geschenk eine Freude machen? Bei diesen Adressen wirst du auf jeden Fall fündig:

Den üblichen Souvenir-Schnickschnack erhältst du bei der **Tourismus-Information** (Königsstr. 1a) gegenüber vom Hauptbahnhof: Tassen, Taschen, T-Shirts mit Logos von Stuttgart, VfB und Porsche, mit Fotos vom Schloss, dem Fernsehturm und so weiter.

Klassische regionale Köstlichkeiten (z.B. Spätzle oder Wiebele) bekommst du in fast jedem Stuttgarter Supermarkt und beim Bäcker oder Metzger. Wenn es in Sachen schwäbische Delikatessen aber etwas ausgefallener sein soll, seien dir die folgenden beiden Geschäfte ans Herz gelegt:

Das **SchwabenLiebe** (Kirchheimerstr. 38) bietet ausschließlich Produkte made in Germany an. Neben ausgefallenen Geschenk-Ideen à la schwäbische Glückskekse findest du hier auch alles vom „Tomadé Peschdo" bis zum schwäbischen „Essbressoh" und natürlich auch handgemachte Spätzle. www.schwaben-liebe.de

Eine weitere wichtige Adresse in Sachen schwäbische Delikatessen ist **Enkel Schulz** (Sophienstr. 21) im neuen Gerberviertel im Stuttgarter Zentrum. Ob Schwäbischer Whiskey, „Alb Leisa" oder Spätzle, hier tummeln sich allerlei handverlesene Köstlichkeiten – gerne auch in netten Geschenkkörben. www.enkel-schulz.de

endlich   Stuttgart   endlich

endlich   Stuttgart

Konzert

Konzert

Konzert

Konzert

Konzert

Konzert

Klassik

Klassik

Klassik

Klas

endlich

Poetry-Slam

Kinosessel

Theater

Poet

Slam

Poetry

Poetry-Slam

Konze

Konzert

Poetry-Slam

Klar, so ein fauler Abend auf der Couch ohne jegliche intellektuelle Anstrengung hat was. Die Seele baumeln lassen und sich von einer anspruchslosen Fernsehserie nach der anderen berieseln lassen. Doch an manchen Abenden meldet sich der Tatendrang, das Bedürfnis, mal rauszukommen und die Lust nach etwas Neuem, etwas, das zum Denken anregt.

An solchen Tagen bist du in Stuttgart genau richtig, denn die Kulturmetropole Nummer eins 2014 hat einiges zu bieten: So vielseitig wie die Stadt und so multikulti wie ihre Einwohner ist auch ihr kulturelles Angebot.

laut HWWI (Hamburgisches WeltwirtschaftsInstitut)

Kino

Für den Anfang und ganz niederschwellig ist ein Kinoabend vermutlich eine machbare Aufgabe.

Der **UFA-Palast** (Rosensteinstr. 20) verfügt über insgesamt rund 4.200 Plätze und ist damit eines der größten Multiplex-Kinos Deutschlands. Hier werden vor allem erfolgreiche Blockbuster gezeigt. Spezielle Events wie Frühstücks- oder Kaffee-und-Kuchen-Kino für 5 Euro, türkische Filme und Live-Übertragungen von klassischen Musikveranstaltungen ergänzen das Angebot.
www.ufastuttgart.de

Genauso große Kinosäle, wenn auch nicht ganz so viele, bieten die beiden **Cinemaxx-Kinos** an der **Liederhalle** (Robert-Bosch-Platz 1) sowie im **SI Centrum** (Plieninger Str. 111). Das Programm ist ähnlich wie das im UFA-Palast. Beliebt sind spannende Events wie die Sneak Preview, bei der

Studenten aufgepasst: Im Gegensatz zum UFA-Palast gibt's im Cinemaxx, in den Innenstadtkinos und in den Arthaus-Kinos Ermäßigungen für den strapazierten studentischen Geldbeutel.

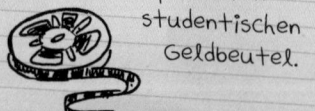

brandneue Filme noch vor ihrer offiziellen Premiere gezeigt werden. Das Besondere: Bis der Vorhang aufgeht, weißt du nicht, welcher Film laufen wird. www.cinemaxx.de --> Stuttgart

Wenn du dich nach dem Kino gleich ins Stuttgarter Nachtleben stürzen möchtest, sind die vier Innenstadtkinos ideal. Das **Gloria** (Königstr. 20), **Cinema** (Königstr. 22), **EM** (Bolzstr. 4) und **Metropol** (Bolzstr. 10) liegen nur wenige Schritte auseinander. In bequemen Sitzen und in top Bild- und Tonqualität werden hier die gängigen Hollywood-Filme gezeigt. Schwaben gehen übrigens grundsätzlich dienstags ins Kino, denn da ist in allen vier Filmpalästen Kinotag und der Eintritt liegt bei 5 Euro. www.innenstadtkinos.de

Einen etwas weniger fetten Sound, dafür aber ein intellektuell anspruchsvolles Filmprogramm findest du in den Arthaus-Kinos. Im **Atelier am Bollwerk** (Hohe Str. 26) und im **Delphi Arthaus Kino** (Tübinger Str. 6) werden vor allem europäische Filme fernab der Blockbusterwelt gezeigt. Preislich unterscheiden sich die Arthaus-Kinos kaum von den größeren Hollywood-Pendants, am Wochenende müssen 9 Euro für eine reguläre Karte hingelegt werden. Da lohnt es sich doch, einen Montagabend fürs Kino freizuhalten: An diesem Tag könnt ihr euch für läppische 6 Euro ins Filmvergnügen stürzen. www.arthaus-kino.de

Einen Kinoabend in besonderer Atmosphäre verspricht die **Kinothek** (Asangstr. 15) im östlich gelegenen Obertürkheim. In nur zwei Mini-Sälen werden hier aktuelle Produktionen und ausgewählte Independent-Filme gezeigt. Vor allem Retro-Liebhaber werden in dieser Location glücklich:

Es gibt goldene Vorhänge, ein Tischchen inklusive nostalgischer Nachtischlampe an jedem Platz und Getränkeservice! Hach, Kino wie in den guten alten Zeiten eben. Und wer nach dem Film noch Lust auf ein Gläschen Wein hat, kann nach nebenan in den urig-schwäbischen „Schbruchbeidl" (schwäbisch für Sprücheklopfer) weiterziehen und dabei gleich ein paar Wörtchen Schwäbisch lernen. www.kinothek-stuttgart.com

Eine Option für den schmalen Geldbeutel ist das **Bürgerhaus Botnang** (Griegstr. 18). Jeden Montagabend wird hier ein populärer Film aus den letzten Jahren gezeigt, dabei reicht das Programm vom amerikanischen 3D-Weltraum-Thriller über den tschechischen Animationsfilm bis hin zum chilenischen Drama. Der Eintritt kostet nur 3,50 Euro, für Studenten sogar nur 3 Euro, inklusive 50-Cent-Getränkegutschein. www.buergerhaus-botnang.de --> Kino im BüBo

Ein ähnliches Programm wird im **Stadtteilkino im Generationen-haus Heslach** (Gebrüder-Schmid-Weg 13) in Stuttgart-Süd präsentiert. Etwa zweimal im Monat sind sonntagabends Filme fern des Hollywood-Mainstreams zu erschwinglichen Preisen zu sehen. Außerdem gibt es gelegentlich besondere Aktionen und Filmwettbewerbe. www.stadtteilkino-stuttgart.de

Wer Filme am liebsten in Originalsprache sieht, ist im **Corso** (Hauptstr. 6) in Stuttgart-Vaihingen richtig. Programmschwerpunkt sind amerikanische und englische Programmkino- sowie Hollywoodfilme. Gelegentlich werden auch Filme in Französisch, Italienisch oder anderen Sprachen mit deutschen Untertiteln gezeigt. Dienstags ist Kinotag, an dem du für 5,50 Euro deine Fremdsprachenkenntnisse auffrischen kannst. www.corso-kino.de

Uni-Kino

An der **Universität Hohenheim** (Garbenstr. 30, Hörsaal B1) kannst du jeden Donnerstag im Semester einen Film für 1 Euro sehen.

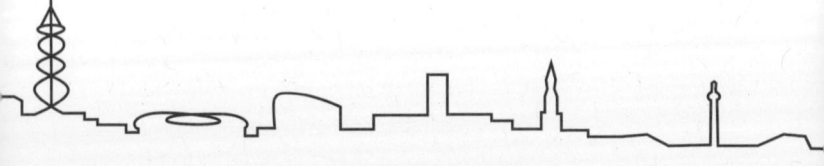

Dabei wird zwischen Blockbuster-Filmen, den kleinen Geheimtipps und Klassikern variiert. www.facebook.com/unikino.hohenheim

Auch an der **Universität Stuttgart** (Pfaffenwaldring 47, V 47.01) wird donnerstags im Semester ein bunt gemischtes Programm geboten, allerdings nur für StudentInnen und Hochschulangehörige. www.uni-film.de

Einen eher künstlerischen Schwerpunkt setzt das **Filmrausch**-Team der **Hochschule der Medien** (Nobelstraße 10, altes Treppenstudio): In bester Kino-Atmosphäre werden mittwochs ausgewählte, alternative Filme gezeigt. Mit einem Euro bist du dabei. http://filmrausch.hdm-stuttgart.de

Open-Air-Kino

Was gibt es Schöneres, als im Hochsommer unter freiem Sternenhimmel auf einer riesen Leinwand einen spannenden Film zu genießen?

In Stuttgart ist das zwei Wochen lang im August vorm **Mercedes-Benz-Museum** (Mercedesstr. 100) möglich. Sobald die Sonne untergegangen ist, erstrahlen hier Filmklassiker und aktuelle Produktionen auf der Leinwand. www.oak.mercedes-benz-classic.com

Im benachbarten Fellbach startet zeitgleich das Sommernachts Open-Air-kino im Innenhof des Rathauses (Marktplatz, 70734 Fellbach). www.kinokult.de --> Open Air Kino

endlich Stuttgart

endlich Stuttgart

Theater

Wer Schauspiel hautnah erleben will und die mitreißende Stimmung einer Live-Darbietung liebt, sollte das große Angebot an Theateraufführungen in Stuttgart nutzen.

Die ganz große Bühne

Die **Staatstheater Stuttgart** (Oberer Schlossgarten 6) sind mit ihren Bereichen Schauspiel, Oper und Ballett das größte Drei-Sparten-Haus der Welt. Sie bestehen aus zwei verschiedenen Gebäuden, die im Schlossgarten nur wenige hundert Meter voneinander entfernt liegen: dem Schauspielhaus und dem Opernhaus.

Im **Schauspielhaus** werden sowohl klassische Stücke als auch moderne Theaterinszenierungen gezeigt. Die Karten kosten, je nach Stück und Sitzkategorie, zwischen 8 und 60 Euro.

Schon allein für den Anblick seiner beleuchteten Fassade bei Nacht lohnt sich ein Besuch des **Opernhauses**. Das um 1910 erbaute Gebäude ist mit klassizistischen Säulen geschmückt und liegt direkt am Eckensee im Oberen Schlossgarten. Auch die Darbietungen selbst sind für Liebhaber des Musiktheaters ein Muss: Die Stuttgarter Oper wurde 2013 für die „International Opera Awards" in der Kategorie „Opernhaus der Jahres" nominiert.

Das **Ballettensemble** der Oper Stuttgart ist eine der führenden Compagnien der Welt. Die Auftritte der professionellen Tänzer könnt ihr im Opernhaus sehen, Eintrittskarten gibt's ab etwa 20 Euro. www.staatstheater-stuttgart.de

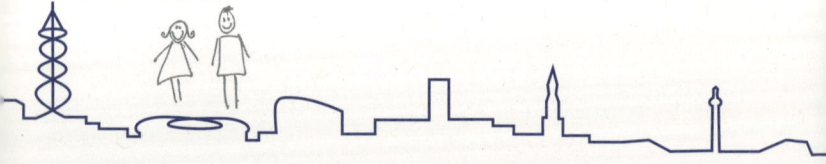

Die große Bühne

Ein bunt gemischtes Angebot ist im **Theaterhaus** (Siemensstr. 11) zu sehen. Neben Schauspielaufführungen finden hier Vorträge, Konzerte, Tanztheateraufführungen und Kabarettabende statt. Die Karten für Theaterstücke kosten um die 16 Euro, Vorträge und Tanzvorführungen sind häufig sogar kostenlos. www.theaterhaus.com

Wer neben einem anspruchsvollen Programm Wert auf eine imposante Architektur legt, sollte sich das **Alte Schauspielhaus** (Kleine Königstr. 9) nicht entgehen lassen. Vor allem die halbrunde Jugendstilfassade des Eingangsbereichs beeindruckt mit hohen Fenstern und schönen Holztüren. Neben klassischen Stücken gibt's im Inneren der Spielstätte zeitgenössische Inszenierungen und englisch-französischsprachige Stücke zu sehen. www.schauspielbuehnen.de

--> Altes Schauspielhaus

Direkt in der Innenstadt am Schlossplatz liegt die **Komödie im Marquardt** (Bolzstr. 4), die gemeinsam mit dem Alten Schauspielhaus betrieben wird. Bei Komödien aller Art und schwäbischen Dialektstücken kannst du hier deine Lachmuskeln trainieren und gleichzeitig austesten, wie viel Förderbedarf dein württembergisches Hörverstehen noch benötigt. www.schauspielbuehnen.de

--> Komödie im Marquardt

endlich **Stuttgart** endlich

endlich **Stuttgart**

Die kleinere Bühne

Über immerhin 120 Plätze verfügt das im Stuttgarter Zentrum gelegene **Forum Theater** (Gymnasiumstr. 21). Das Programm ist breit gefächert, wobei häufig aktuelle gesellschaftliche Themen oder ethische Fragen im Mittelpunkt stehen. www.forum-theater.de

Aus etwa zehn Schauspielern besteht das Ensemble des Theaters **tri-bühne** (Eberhardstr. 61a), das die gesamte Bandbreite vom klassischen bis zum aktuellen gesellschaftlichen Stoff auf die Bühne bringt. Besonders empfehlenswert sind die „Late Nights", die einmal im Monat samstags im Anschluss an die Vorstellung stattfinden. Bei Musik und einem Gläschen Wein oder Bier kannst du hier den Abend je nach Energiereserve tanzend oder im Gespräch ausklingen lassen. www.tri-buehne.de

Klein, aber fein ist das mehrfach ausgezeichnete **Studio Theater** (Hohenheimer Str. 44). Das kleinste Schauspielhaus seiner Art in Baden-Württemberg spielt hin und wieder ein klassisches Stück, aber meistens werden moderne Werke gezeigt. Im Mittelpunkt stehen dabei häufig aktuelle politische Themen. www.studiotheater.de

Die besonderen und urigen Theater

Ein Ambiente der besonderen Art bietet die schwimmende Bühne des **Theaterschiffs** (Mühlgrün 1), das am Neckarufer in Bad Cannstatt angelegt hat. Auf dem ehemaligen Frachtschiff werden eher weniger anspruchsvolle, dafür aber umso öfter humorvoll-anzügliche und garantiert unterhaltsame Stücke gezeigt. Nett sind auch die Bar unter und das kleine Café an Deck. www.theaterschiff-stuttgart.de

Direkt um die Ecke liegt das **Wilhelma Theater** (Neckartalstr. 9). Das 1840 erbaute Gebäude ist die älteste Spielstätte in Stuttgart und hinterlässt meist einen bleibenden Eindruck beim Besucher. Wände und Decke der Innenräume sind im pompejianischen Stil kunstvoll bemalt. Neben klassischem Schauspiel werden musikalische Inszenierungen und Figurentheater gezeigt. Immer wieder sehens- und hörenswert sind z. B. die Aufführungen von Studenten der Staatlichen Hochschule für Musik und Darstellende Kunst. www.wilhelma-theater.de

Wer mal was ganz anderes ausprobieren will, ist im **Zentrum für Figurentheater FITZ!** (Eberhardstr. 61) im Kulturareal „Unterm Turm" richtig. Etwa zwei Drittel der Darbietungen werden von Künstlern der Region gestaltet, häufig von Absolventen des Studiengangs „Figurentheater" an der Hochschule für Musik und Darstellende Kunst. Das FITZ! hat aber nicht nur Stücke für Kinder, sondern auch Inszenierungen für Erwachsene im Programm www.fitz-stuttgart.de

Ein kleines, ungewöhnliches Theater ist das **Theater Rampe** (Filderstr. 47) im Stuttgarter Süden. Das im Depot der Zahnradbahn untergebrachte Schauspielhaus hat sich darauf spezialisiert, Stücke von der Antike bis zur Moderne an die heutige Zeit anzupassen. Viele Inszenierungen beschäftigen sich mit dem multikulturellen Zusammenleben und es kann gut passieren, dass das Publikum zum Mitmachen aufgefordert wird. www.theaterrampe.de

Wie wär's zur Einstimmung in den Theaterabend mit einer Runde **Zahnradbahn-fahren**? Die Talstation der „Zacke" befindet sich gleich um die Ecke am Marienplatz.

--> mehr zur Zacke: s. „Von A nach B", S. 59

endlich Stuttgart endlich
endlich Stuttgart

Eine besonders urige Spielstätte ist das kleine, in Stuttgart-West gelegene **Theater der Altstadt** (Rotebühlstr. 89). Der Eingang ist kaum zu übersehen, da eine riesige Schopenhauer-Büste über der Eingangstür thront. Das absolut sehenswerte Programm ist mit Klassikern, Krimis und Komödien bunt gemischt.
www.theater-der-altstadt.de

Ganz und gar ungewöhnlich ist das „Theater im öffentlichen Raum" **Lokstoff**. Denn die Schauspieler spielen nicht im geschlossenen Raum, sondern an öffentlichen Orten, z. B. an einer U-Bahnstation, in der Stadtbibliothek oder in einem Linienbus. Sie verzichten auf künstliches Licht und haben keine Kulisse. So bekommen eigentlich alltägliche Orte auf einmal eine ganz andere Bedeutung. Aber Achtung: Der Ansturm ist groß und darum solltest du unbedingt rechtzeitig reservieren. Falls du Student bist, nutze auf jeden Fall deinen Studentenausweis, denn die ermäßigten Karten sind erheblich günstiger als die regulären. www.lokstoff.com

Open-Air-Theater

Die Möglichkeiten, Schauspiel unter freiem Himmel zu erleben, sind in Stuttgart sehr beschränkt. Allein das weiter oben genannte Ensemble **tri-bühne** macht jedes Jahr im Juni oder Juli den Innenhof des Alten Schlosses (Schillerplatz 6) zum Theatersaal. Und diese Frischluftveranstaltung lohnt sich! www.tri-buehne.de

Eine nicht zu aufwändige Alternative sind die Stücke der **Württembergischen Landesbühne** im 15 km entfernten Esslingen. Diese sind jährlich im Juni oder Juli in der Maille (Georg-Christian-von-Kessler-Platz, 73728 Esslingen), einem Stadtpark in der Esslinger Innenstadt, zu sehen. Wenn du nach dem Theaterabend noch fit bist, lohnt sich ein kleiner Spaziergang durch die hübsche Esslinger Altstadt. www.wlb-esslingen.de

--> s. „Sonntage", S. 171

Eine zweite Möglichkeit ist das **Theater unter den Kuppeln** (Gräbleswiesenweg 32, 70771 Leinfelden-Echterdingen) im ebenfalls etwa 15 km entfernten Leinfelden-Echterdingen. Die Freiluftbühne

wird von Juni bis September bespielt und das wirklich bei jedem Wetter! Doch keine Angst, bei Regen werdet ihr nicht platschnass: Die Zuschauer sitzen gut geschützt in einer Kuppel, nur die Schauspieler kriegen Wind und Wetter ab. www.tudk.de

Improvisationstheater

Das **Impro-Theater Stuttgart** spielt meistens im **Kulturzentrum Merlin** (Augustenstr. 72) und trainiert kräftig die Lachmuskeln. Fünf Schauspieler und Schauspielerinnen und drei Musiker reagieren spontan auf die Einwürfe des Publikums und gestalten passende Szenen. Auch Themenabende hat die Schauspielcrew im Angebot: So bekriegen sich beispielsweise die Bewohner eines Hauses – und das nicht nur wegen des berühmten schwäbischen Kehrwochenstreits. www.impro-stuttgart.de

Das **Improvisationstheater Wildwechsel** betritt regelmäßig die Bretter des Studio Theaters (Hohenheimer Str. 44). Besonders stürmisch geht es beim „Impro Match" zu, bei dem gleich zwei Schauspielteams gegeneinander um die Gunst des Publikums werben. www.wildwechsel-improtheater.de

endlich **Stuttgart** endlich

endlich

Stuttgart

Kleinkunst und Kabarett

Mit dem **Renitenztheater** (Büchsenstr. 26) besitzt Stuttgart eines der führenden deutschen Kabaretthäuser. Fast alle großen Namen der Kabarettszene waren schon hier und haben ihr Publikum zum Lachen und Nachdenken gebracht. Besonderer Tipp ist das Kabarettfestival, das jedes Jahr im Frühjahr stattfindet.
www.renitenztheater.de

--> Mehr Infos zum Kabarettfestival: s. „Feste & Festivals", S. 233

Eine weiterere Empfehlung für Kleinkunst-Fans ist das **Rosenau** (Rotebühlstr. 109b), in dem neben leckerem Essen mit regionalen Zutaten Comedy, Kabarett und andere Kulturveranstaltungen serviert werden. Manchmal wird hier einfach das Licht ausgeschaltet, du wirst von blinden und sehbehinderten Menschen bedient und bekommst dazu ein ganz besonderes Kulturprogramm zu hören.
www.rosenau-stuttgart.de

Obwohl der Schwerpunkt des im Stuttgarter Westen gelegenen **Kulturzentrums Merlin** (Augustenstr. 72) eher auf Konzerten, Theaterstücken und pädagogischen Seminaren liegt, finden auch hier gelegentlich Kleinkunstveranstaltungen statt. Nur ein Tipp: Komm niemals mit dem Auto, denn Parkplätze sind im Westen eine echte Rarität. www.merlinstuttgart.de

Das schon weiter oben erwähnte **Theaterhaus** (Siemensstr. 11), das seine Heimat in einer ehemaligen Stahlfabrik gefunden hat, zeigt zwar vor allem Theaterstücke, hin und wieder gibt es aber auch Kabarett zu sehen.
www.theaterhaus.com

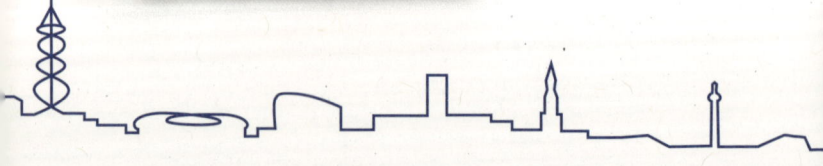

Zirkus und Varieté

Auch Zirkus-Liebhaber kommen in Stuttgart nicht zu kurz. Der **Weltweihnachtscircus** schlägt jedes Jahr von Dezember bis Januar für einen Monat seine Zelte auf dem Cannstatter Wasen (Mercedesstr. 1) auf und verzaubert sein Publikum mit Akrobatik, Clown-Nummern, Musik und Artistik. Je nach Sitzplatz kostet der Eintritt zwischen 25 und 60 Euro. www.weltweihnachtscircus.de

Artistische und amüsante Unterhaltung gepaart mit einem Gourmet-Menü werden dir gleich nebenan im **Varieté-Theater Palazzo** (Mercedesstr. 50) geboten – und zwar das ganze Jahr über. Das Ambiente ist edel: Die Einrichtung ist ganz im Jugendstil gehalten und der Saal mit unzähligen Spiegeln und Seidentüchern geschmückt. Entsprechend edel sind auch die Preise. www.palazzo.org --> Stuttgart

Das **Friedrichsbau Varieté** (Siemensstr. 15) liegt im Stadtteil Feuerbach direkt neben dem Theaterhaus. Die fantasiereichen Shows sind eine Mischung aus Akrobatik, Musik, Magie und Clownerie. Ab 35 Euro bist du dabei – und wenn du bereit bist, deutlich tiefer in den Geldbeutel zu greifen, kannst du währenddessen ein schwäbisches Fünf-Gänge-Menü genießen. www.friedrichsbau.de

Wer reine Zauberei bevorzugt, ist in **Strotmanns Magic Lounge** (Naststr. 41) richtig. Gezaubert wird wirklich aus nächster Nähe direkt vor deinen Augen, denn die Zuschauerreihen sind halbkreisförmig um die runde Bühne angelegt. www.strotmanns.com

Museen und Ausstellungen

Wieso ist eigentlich das Schwein ein Glückssymbol? Wie hat sich das Familienbild im Südwesten seit 1790 verändert? Welche Vogelart legt das größte Ei? Wenn ihr gerne eine Antwort auf diese oder andere Fragen hättet, seid ihr bei einer Museumstour in Stuttgart richtig. Natürlich ist auch für natur- und geschichtlich uninteressierte Autoliebhaber was dabei, schließlich sind wir ja in der „hässlichen Autostadt".

Kunst & Architektur

Architekturliebhaber sollten die **Staatsgalerie** (Konrad-Adenauer-Str. 30-32), eines der meistbesuchten Museen Deutschlands, zumindest von außen gesehen haben. Die drei unterschiedlichen Gebäude sind in verschiedenen Zeitepochen entstanden und stehen damit für drei Baustile und deren Besonderheiten. Aber auch der Blick nach innen lohnt sich: Zu sehen gibt es europäische Exponate des 14. bis 21. Jahrhunderts und Werke der amerikanischen Avantgarde ab 1945. Tipp: Mittwochs ist der Eintritt kostenlos! www.staatsgalerie.de

Nicht zu übersehen bei einem Stadtspaziergang ist das **Kunstmuseum** (Kleiner Schlossplatz 1) in seinem auffallenden Glaskubus auf dem Stuttgarter Schlossplatz. Erst 2005 erbaut, legt das Museum seinen Schwerpunkt auf Kunst aus der neueren Zeit, von etwa 1900 bis zur Gegenwart, aber auch Werke des 19. Jahrhunderts sind ausgestellt. Berühmt ist die Sammlung für ihre vielen Werke von Otto Dix. www.kunstmuseum-stuttgart.de

Die **ifa-Galerie** (Charlottenplatz 17) zeigt moderne Kunst aus Asien, Afrika, Lateinamerika und Osteuropa. Das Institut für Auslandsbeziehungen (ifa) hat sich das Ziel gesetzt, den Austausch zwischen verschiedenen Kulturen zu fördern. In der Galerie sind vor allem Einzelausstellungen von Künstlern der Gegenwart zu sehen,

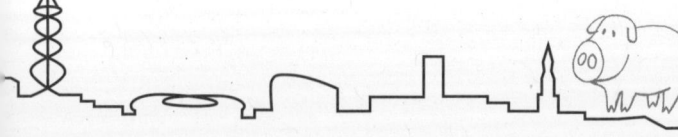

die sich oft mittels moderner Darstellungsformen wie Installationen und Design-Kunst ausdrücken. www.ifa.de --> kunst --> ifa-Galerien --> stuttgart

Nur ein paar Meter weiter ist der **Württembergische Kunstverein** (Schlossplatz 2) zu Hause, der sich mit zeitgenössischer Kunst und deren gesellschaftspolitischer Bedeutung auseinandersetzt. Neben wechselnden Ausstellungen werden auch Workshops und Vorträge zu aktuellen Themen angeboten. www.wkv-stuttgart.de

In einem Waldgebiet westlich von Stuttgart liegt das idyllische **Schloss Solitude** (Solitude 1). Das 1763 von Herzog Carl Eugen von Württemberg errichtete Gebäude ist fast vollständig erhalten und kann bei einer Führung besichtigt werden. Im Schloss finden regelmäßig thematisch bunt gemischte

Ausstellungen statt. Ein Besuch lohnt sich auch wegen der tollen Umgebung und des schönen Ausblicks. www.schloss-solitude.de

Ein besonderes Schmuckstück ist das **Weissenhofmuseum** (Rathenaustr. 1-3). Das von dem einflussreichen Architekten Le Corbusier konstruierte Gebäude liegt in der Weissenhofsiedlung in Stuttgart-Nord. Diese 1927 entstandene Siedlung ist berühmt für ihre moderne Architektur. Das Museum an sich ist schon ein Kunstwerk und informiert im Inneren über die Entstehung und Entwicklung des Viertels. www.stuttgart.de/weissenhof

Technik

Für viele ist ein Besuch des **Mercedes-Benz-Museums** (Mercedesstr. 100) einfach ein Muss. Ein Teil der Ausstellung zeigt anhand von über 150 Fahrzeugen die Geschichte der Marke Mercedes-Benz und somit die Ursprünge des Automobils. Auch für Forschungsinteressierte ist was dabei: Aktuelle und in Zukunft mögliche technische Entwicklungen werden anschaulich präsentiert. Interessant ist zudem die Form des Museumsgebäudes, das eine DNA-Spirale darstellt. www.mercedes-benz-classic.com --> Classic --> Museum

Ein weiterer Pflichtbesuch für Autoliebhaber führt ins **Porsche-Museum** (Porscheplatz 1). Hier gibt es die Firmengeschichte des Unternehmens sowie über 80 Fahrzeuge und viele Kleinexponate zu sehen. Auch architektonisch kann sich das Museum sehen lassen: Das futuristische Gebäude steht auf nur drei Säulen und scheint förmlich über dem Boden zu schweben. www.porsche.com/museum

Geschichte

Das **Haus der Geschichte Baden-Württemberg** (Konrad-Adenauer-Str. 16) zeigt die geschichtliche Entwicklung des Südwestens

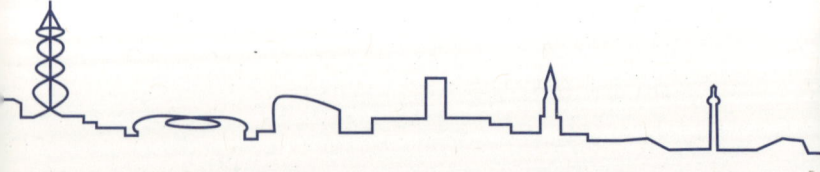

seit 1790. In mehreren Ausstellungen bekommst du einen Einblick in politische, technische und gesellschaftliche Entwicklungen. Ein aktuelles Highlight ist der Bauzaun von Stuttgart 21. Auch spannend: Ein Themenraum mit Familienbildern aus über 220 Jahren. www.hdgbw.de

Das **Landesmuseum Württemberg** (Schillerplatz 6) im Alten Schloss blickt noch weiter in die württembergische Vergangenheit zurück. Anhand geschichtlicher und künstlerischer Ausstellungsstücke wird die Entwicklung des Bundeslandes seit der Steinzeit dargestellt. Sehenswert ist auch das Gebäude an sich: Das beeindruckende Alte Schloss wurde im 10. Jahrhundert erbaut und war Machtzentrum der Württemberger. Nach der Besichtigung könnt ihr euch gegenüber im schönen Grand Café Planie ein Eis als Belohnung für die geschichtliche Weiterbildung gönnen. www.landesmuseum-stuttgart.de

Nach seiner Eröffnung Ende 2017 macht das neue **Stadtmuseum Stuttgart** im Wilhelmspalais (Konrad-Adenauer-Str. 2) die Stadt und ihre Geschichte erfahrbar. Mittelpunkt der ständigen Ausstellung „Stuttgarter Stadtgeschichte(n)" ist ein raumfüllendes, interaktives Stadtmodell. Das Palais war übrigens bis 1918 Wohnsitz des letzten württembergischen Königs Wilhelm II.
www.stadtmuseum-stuttgart.de

endlich Stuttgart endlich

endlich Stuttgart

Natur

Das **Linden-Museum** (Hegelplatz 1) ist eines der größten Museen für Völkerkunde in Europa. Sieben Dauerausstellungen ermöglichen Einblicke in die Kultur Asiens, Lateinamerikas, Nordamerikas, Ozeaniens und des Orients. Besondere Hingucker

sind die Rekonstruktion eines tibetischen Tempels und der Nachbau einer afghanischen Basarstraße. www.lindenmuseum.de

Wer sich für Natur und Tiere begeistern kann, darf das **Staatliche Museum für Naturkunde** nicht verpassen. Die Ausstellung besteht aus zwei Teilen: Während die heutige Tierwelt im **Schloss Rosenstein** (Rosenstein 1) untergebracht ist, sind die Tiere der Urzeit im **Museum am Löwentor** (Nordbahnhofstr. 177) zu sehen. Beide Gebäude liegen direkt im Rosensteinpark, dessen riesige Fläche zu einem langen Spaziergang zur Verdauung der vielen Informationen einlädt. www.naturkundemuseum-bw.de

Mit einer für eine Ausstellung eher ungewöhnlichen Thematik befasst sich das **Deutsche Landwirtschaftsmuseum der Universität Hohenheim** (Garbenstr. 9). Auf 5.700 m² verschafft die Ausstellung einen Überblick über die Entwicklung der Landwirtschaft. Interessant ist beispielsweise, wie sich das Melken in den letzten Jahrzehnten radikal verändert hat. Und auch die riesige Traktorensammlung ist beeindruckend. Die Ausstellung ist sehr technisch orientiert, wenn du dich also für Geräte in der Landwirtschaft interessiert, lohnt sich ein Besuch. www.dlm-hohenheim.de

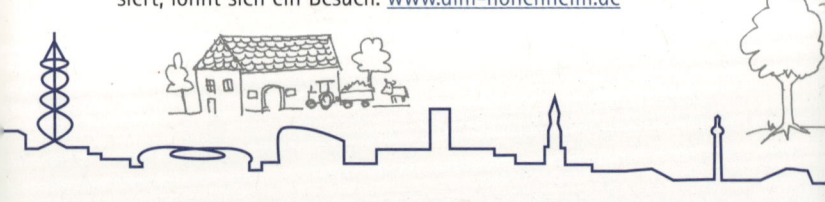

Spielzeug, Wein, Schwein & Co.

Ein Geheimtipp ist das **Stuttgarter Spielzeugmuseum** (Weber-str. 5), eine private Sammlung historischer Spielsachen wie Porzellankopfpuppen, Kaufläden, Ritterburgen und Eisenbahnen. Das hübsche Fachwerkhaus steht zentral in der Innenstadt im Stuttgarter Bohnenviertel. Dieses ehemals für ärmere Bewohner angelegte Quartier beheimatet inzwischen nette Cafés, Kneipen und kleine Läden. Zur Besichtigung des Spielzeugmuseums ist eine telefonische Voranmeldung nötig: Tel. 0711/484091

Im östlichen Zipfel des Stadtgebiets steht das **Weinbaumuseum Stuttgart** (Uhlbacher Platz 4). Die Sammlung ist in einem alten Fachwerkhaus untergebracht, der historischen Ortskelter. Nachdem du dich im Museum fleißig mit der Geschichte des Baden-Württembergischen Weinbaus auseinandergesetzt hast, kannst du dir einen Besuch der museumseigenen Vinothek gestatten und bis zu 20 regionale Weine testen. www.weinbaumuseum.de

Das weltweit größte **Schweinemuseum** (Schlachthofstr. 2a) steht in Stuttgart-Wangen. Auf drei Stockwerken werden über 50.000 Ausstellungsstücke zum Thema „Schwein" präsentiert: Sehenswert sind beispielsweise die Räume zum Thema Fleischproduktion und zum Schwein in der Sexualsymbolik. Hier werden sowohl die Rolle des

Tieres in der menschlichen Sexualität, als auch die Fortpflanzungseigenarten von Schweinen genauer in Augenschein genommen. Und du erfährst, warum das Schwein Glück symbolisiert. Daneben gibt es natürlich Kuschelschweine, Staubsaugerschweine,

Porzellanschweine, Schweinegemälde, Nussknackerschweine, …!
www.schweinemuseum.de

Oder wie wäre es mit einem Besuch der **Straßenbahnwelt** (Veielbrunnenweg 3) in Bad Cannstatt? Die Ausstellung zeigt für 4 Euro die Geschichte des in Stuttgart viel genutzten öffentlichen Verkehrsmittels. Wer gerne mal leibhaftig in vergangene Zeiten zurückversetzt werden möchte, kann anschließend mit einer von zwei Oldtimerlinien ab Bad Cannstatt in die Innenstadt oder zum Fernsehturm fahren. Achtung: Das Museum ist nur mittwochs, donnerstags und sonntags geöffnet. www.shb-ev.info

Planetarium

Wer für Sterne und den Weltraum brennt, sollte das **Carl-Zeiss-Planetarium** (Willy-Brandt-Str. 25) nicht verpassen. In dem frisch renovierten Kuppelsaal wirst du mit Hilfe mordernster Technik in die unendlichen Weiten des Universums entführt und reist quer durch die Weltraumgeschichte. Besonders schön: Die Lasershow zum Thema Filmmusik. Sollten nach der Vorführung noch Fragen offen bleiben, kannst du dir diese individuell in der astronomischen Sprechstunde beantworten lassen.
www.planetarium-stuttgart.de

Konzerte

Musik entspannt, lässt die Sorgen vergessen und weckt die Lebensgeister. Zu Hause auf dem Sofa seine Lieblingssongs zu hören, ist schon mal ein Anfang. Aber so richtig wegträumen oder auch abrocken, das klappt am besten bei Livemusik.

Klassik

In der **Liederhalle** (Berliner Platz 1-3) finden etwa zweimal pro Woche klassische Konzerte statt. Die Halle besteht aus fünf großen Sälen – in den größten passen sogar über 2.100 Besucher. Wer große Namen und eine gute Akustik schätzt, der ist hier an der richtigen Adresse. Allerdings hat die Qualität ihren Preis: Für renommierte Orchester wie die Stuttgarter Symphoniker, die Musiker des gesamten süddeutschen Raumes vereinen, müsst ihr für gute Plätze pro Karte um die 120 Euro hinlegen.
www.liederhalle-stuttgart.de

Die **Stuttgarter Philharmoniker** sind das Orchester der Landeshauptstadt. Neben deutschlandweiten Konzerten haben sie regelmäßig Auftritte im Ausland. Eine Kostprobe ihres musikalischen Könnens bekommst du in der Liederhalle oder im Gustav-Siegle-Haus (Leonhardsplatz 28). Das schöne Gebäude im romantischen Stil liegt im Leonhardsviertel mitten in der Altstadt.
www.stuttgarter-philharmoniker.de

Ein buntes Programm bietet das **Freie Musikzentrum** in Stuttgart-Feuerbach (Stuttgarter Str. 15). Neben Klavierkonzerten und anderer klassischer Musik gibt es Liederabende von bekannten Solisten und internationalen Ensembles zu hören. www.noten-am-funk.de

Im Schloss Solitude finden gelegentlich Konzertreihen der **Akademie Solitude** statt, einer Stiftung, die junge Talente im künstlerischen und musikalischen Bereich fördert. Bei den Konzerten kannst

endlich Stuttgart endlich
endlich Stuttgart

du klassische Musik in Kombination in einem einzigartigen Ambiente genießen. www.akademie-solitude.de

Weitere junge talentierte Musiker bietet dir die **Musikhochschule Stuttgart** (Urbanstr. 25). Fast täglich finden hier verschiedenste Konzerte statt und das häufig sogar bei freiem Eintritt. www.mh-stuttgart.de

Schön sind auch die Konzerte in den verschiedenen Kirchen in Stuttgart. Empfehlenswert ist die **Stiftskirche in der Innenstadt** (Stiftsstr. 12), die mit ihren ungleichen Türmen ein Stuttgarter Wahrzeichen ist. Hier werden jährlich rund 100 Konzerte dargeboten, die Bandbreite reicht von Orgelmusik und anderen klassischen Konzerten bis hin zu Chorauftritten. www.stiftskirche.de

Auch der Besuch eines Konzerts in der gotischen **Stadtkirche Bad Cannstatt** lohnt sich. Immer am 13. im Monat werden hier meistens moderne Werke gespielt, bei denen auch mal ziemlich ungewöhnliche Instrumente aufeinandertreffen.
www.musik-am-13.de

Ein besonderer Tipp sind die **Konzerte bei Kerzenlicht**, die etwa achtmal jährlich samstagabends in der **Hospitalkirche** (Gymnasiumstr. 36) stattfinden. Bei Kerzenbeleuchtung wirkt die Atmosphäre im Kircheninneren besonders intensiv und Chor-, Orchester-, Orgel- und Gitarrenkonzerte lassen sich gleich doppelt so stimmungsvoll genießen. www.hospitalkirche-stuttgart.de

--> Musik/Konzerte

Pop, Rock & Co.

Die größte Veranstaltungshalle Süddeutschlands ist die **Hanns-Martin-Schleyerhalle** (Mercedesstr. 69) in Bad Cannstatt. Sie bietet Platz für rund 15.500 Besucher und hat Jahr für Jahr nationale und internationale Größen der Pop- und Rockszene zu Gast.
www.schleyerhalle.de

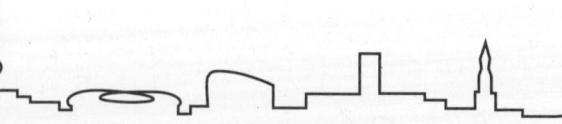

Eine zentral in der Innenstadt gelegene Location für renommierte Rock- und Popkünstler ist die **Liederhalle** (Berliner Platz 1-3). Das im Zweiten Weltkrieg zerstörte Gebäude wurde 1956 wieder aufgebaut und besitzt – im Gegensatz zu anderen Nachkriegsbauten – eine beeindruckende Architektur.
www.liederhalle-stuttgart.de

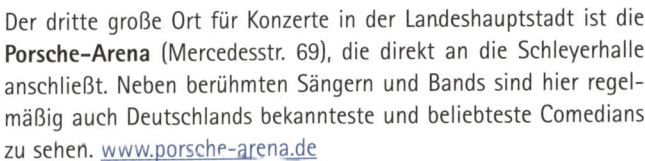

Der dritte große Ort für Konzerte in der Landeshauptstadt ist die **Porsche–Arena** (Mercedesstr. 69), die direkt an die Schleyerhalle anschließt. Neben berühmten Sängern und Bands sind hier regelmäßig auch Deutschlands bekannteste und beliebteste Comedians zu sehen. www.porsche-arena.de

Das **LKA Longhorn** (Heiligenwiesen 6) in Stuttgart-Wangen ist eine etwas weniger schicke, aber nicht weniger gute Location. Hier finden vor allem am Wochenende Konzerte in bunt gemischten Musikrichtungen statt: Von Rap- und Hip-Hop-Fans bis hin zu Rock- und Metal-Liebhabern kommen hier alle auf ihre Kosten.
www.lka-longhorn.de

Neben diesen vier größeren Veranstaltungsorten hält Stuttgart natürlich auch einige kleine Kneipen und Clubs parat, in denen regelmäßig Konzerte stattfinden. Gute Anlaufstellen kommen hier:

Im **Universum & Goldmarks** (Charlottenplatz 1) kannst du vor allem unbekanntere Punk-, Metal- und Rockbands live in Aktion erleben. Die Kneipe Goldmarks ist für die Einstimmung auf den Abend zuständig, im „Uni" nebenan finden dann Konzerte und Partys statt. www.universum-stuttgart.de

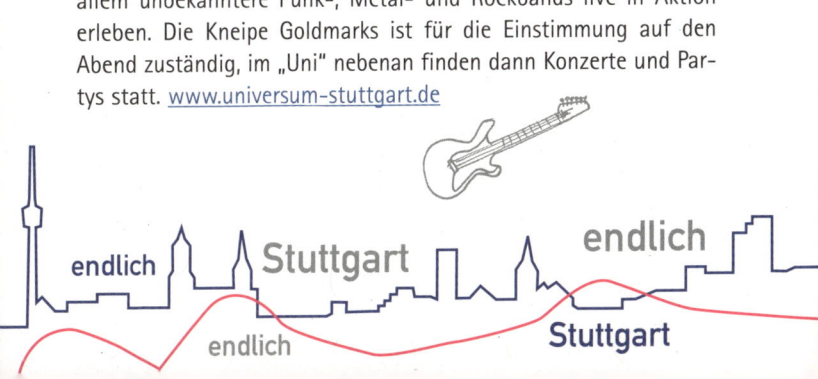

endlich   Stuttgart   endlich

endlich   **Stuttgart**

Konzerte ähnlicher Stilrichtung finden regelmäßig im **Club Schocken** (Hirschstr. 36) statt. Außer Bands hören und kostenlose Partys feiern, kannst du hier jeden Sonntag Tatort auf der Großleinwand gucken. www.club-schocken.de

Direkt um die Ecke liegt der **Kellerklub** (Rotebühlplatz 4). Hier treten Metal-, Punk- und Rockbands, aber auch Hip-Hop-Künstler auf. Die Partys sind ein Geheimtipp für Feierwütige, die auch um fünf Uhr noch fit sind. Wenn andere Clubs schließen, geht's hier erst richtig los. www.kellerklub.com

Im kleinen aber feinen **Club Zwölfzehn** (Paulinenstr. 45) gibt es Rock- und Pop-Konzerte. Die Künstler kommen mal vom anderen Ende der Welt und mal aus der Region – das 1210 ist der perfekte Ort für Neuentdeckungen! www.zwoelfzehn.de

Ein Geheimtipp sind die an jedem zweiten Freitag im Monat stattfindenden **Feierabend-Konzerte im Café Stella** (Hauptstätter Str. 57). Im gemütlichen Ambiente des Cafés kannst du Singer-Songwriter-Klängen lauschen und dir die vegetarische Küche schmecken lassen. Der Eintritt ist frei. www.cafe-stella.de

Jazz

In Stuttgart gibt es zwei Locations, in denen ausschließlich Jazz gespielt wird. Mittwochs bis sonntags bringt die **Traditional Jazz Hall** (Marienstr. 3b) deine Füße zum Mitwippen. Sei es eine klassische 20er-Jahre-Dixieland-Band, ein Blues-Pianist oder eine innovative Jazzcombo – hier wird gejazzt, was das Zeug hält. www.jazzinitiative-ev.de

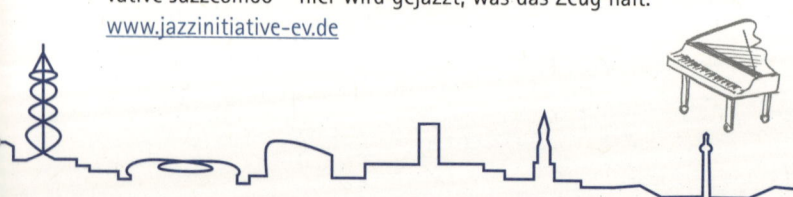

Auch der **BIX Jazzclub** (Leonhardsplatz 28) hat sich zu einem gefragten Treffpunkt für Jazzer entwickelt. An fünf Tagen in der Woche treten regionale, nationale und internationale Jazz-Größen auf und mit seinen 250 Plätzen auf zwei Ebenen bist du im BIX immer nah dran. www.bix-stuttgart.de

Ein weiteres Muss für Jazz-Fans ist die **Kiste** (Hauptstätter Str. 35), einer der kleinsten Liveclubs von Stuttgart. Neben Jazz gibt es auch Rock- und Popkonzerte zu hören. Die Stimmung im Club ist gemütlich, das Publikum gut gemischt von der Studentin bis zum Familienvater. Platzangst solltest du hier allerdings nicht haben. www.kiste-stuttgart.de

Im **Laboratorium** (Wagenburgstr. 147) im Stuttgarter Osten wird ebenfalls Jazz im engeren oder weiteren Sinne gespielt. Das Spektrum der Bands umfasst Swing, Blues, Folk, Rock und Weltmusik. www.laboratorium-stuttgart.de

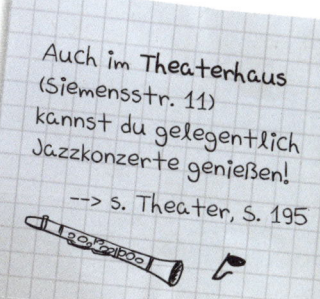

Auch im Theaterhaus (Siemensstr. 11) kannst du gelegentlich Jazzkonzerte genießen!

--> s. Theater, S. 195

Literatur

Lesungen und Literaturgespräche

Das **Literaturhaus Stuttgart** (Breitscheidstr. 4) bietet seinen Gästen an bis zu fünf Abenden pro Woche Lesungen und anschließende Diskussionsrunden an. Die vorgestellte Literatur reicht von Klassikern bis hin zu politischen, gesellschaftskritischen und psychologischen Romanen. www.literaturhaus-stuttgart.de

endlich **Stuttgart** endlich

endlich **Stuttgart**

In der **Akademie für gesprochenes Wort** (Haußmannstr. 22) kannst du ebenfalls Lesungen und Literaturgesprächen lauschen. Darüber hinaus bietet die Akademie ein deutschlandweit einzigartiges Angebot an Stimmseminaren und Sprecherkursen an – damit klingt dein nächster Vortrag gleich ganz anders! www.gesprochenes-wort.de

Im **Stuttgarter Schriftstellerhaus** (Kanalstr. 4) gibt's natürlich auch Lesungen und Gespräche mit renommierten Schriftstellern. Außerdem kannst du hier selbst aktiv werden: Es finden regelmäßig Schreibgruppen statt, die offen für neue Interessenten sind. In den Gruppen wird nicht nur geschrieben, sondern auch über Literatur diskutiert. www.stuttgarter-schriftstellerhaus.de

Ein ähnliches Angebot bietet die neue **Stadtbibliothek** (Mailänder Platz 1). Etwa dreimal pro Woche finden hier Vorträge, Lesungen und Diskussionen zu Literatur und aktuellen politischen Themen statt. Der würfelförmige Bau aus Beton und Glas wirkt von außen schlicht, ist von innen jedoch umso beeindruckender: Den Kern des

Gebäudes bildet „das Herz", ein quadratischer Raum, in den man direkt über den Eingangsbereich gelangt. Er ist hell beleuchtet und von allen Stockwerken der Bibliothek zu sehen, da diese über ringförmige Treppenanlagen mit dem Erdgeschoss verbunden sind. www.stuttgart.de/stadtbibliothek

Poetry Slam

Wer gerne Wortkünstler beim Wettstreiten bewundert, kommt in Stuttgart nicht zu kurz: Außer in der Sommerpause im Juli und August findet der **Stuttgarter Poetry Slam** alle zwei Wochen statt. Im Lokal Rosenau (Rotebühlstr. 109b) ist der Poetry Slam jeden ersten Sonntag im Monat zu Gast, im Keller Klub (Rotebühlplatz 4) jeden dritten Sonntag im Monat. Die Stimmung ist nicht zuletzt aufgrund der witzigen Moderation top und die Darbietungen der junge Poeten sind mitreißend. Häufig wird der Slam durch eine Band musikalisch begleitet, die zwischen den einzelnen Performern auftritt. Absolut unterhaltsam ist auch die Slam-Reihe „Burn after reading". www.poetryslam-stuttgart.de

*Immer im Juli steigt ein Open-Air-Poetry-Slam!
--> s. „Feste & Festivals", S. 233*

Veranstaltungskalender

Du suchst einen aktuellen Überblick über alle Events in Stuttgart? Dann kannst du dir am nächsten Kiosk eines der beiden Stadtmagazine **Lift** oder **Prinz** besorgen.

Oder du schaust im Veranstaltungskalender der Stadt Stuttgart nach: www.stuttgart.de/veranstaltungen

Einen guten Überblick gibt zudem die Seite: www.stuttgarter-veranstaltungskalender.de

endlich   Stuttgart   endlich

endlich   Stuttgart

Musik

Musik

Bierbank

Musik

Straßenfest Feiern

Fe

Straßenfest

endlich

Bi

Feie

Musik

Festivals

Feste &

Feste

Festivals

Feste & Festivals

Musik

Bierbank

Bierbank

Musik

Musik Bierbank

Feiern

Musik eiern

usik

rn

bank

Bierbank

Straßenfest

Feiern

Musik

Straßenfest

Straßenfest

„Schaffe, schaffe, Häusle baue": Sie sind fleißige Arbeiter, beim Feiern fehlt ihnen aber manchmal die nötige Leichtigkeit – so wird es den Schwaben oft nachgesagt. Und für die etwas eingerosteten Dörfer auf der Schwäbischen Alb mag das vielleicht auch ein wenig zutreffen. In Stuttgart allerdings ist die Feierfreude ungebremst. Dort gilt das Motto: Wer früh aufsteht, der muss auch lange feiern können! Oder so ähnlich.

Ob Hocks im Sommer, Weinfeste im Herbst, Stadtteilfeste, Tanzbälle oder die großen Volksfeste auf dem Cannstatter Wasen – in der Landeshauptstadt werden die Bierzelte mit Freude aufgebaut. Wenn du gerne mit deinen Freunden zusammensitzt, Achterbahn fährst, skurrilen Dorftraditionen beiwohnst, tanzen gehst und Bier magst, dann wirst du in Stuttgart viele Anlässe finden, um diesen Leidenschaften nachzugehen:

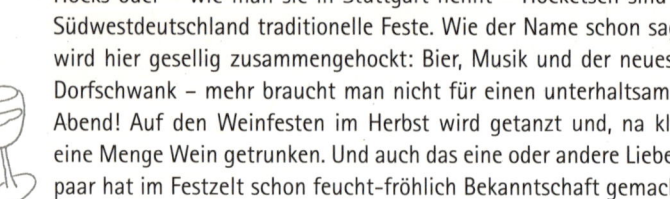

Hocks & Weinfeste

Hocks oder – wie man sie in Stuttgart nennt – Hocketsen sind in Südwestdeutschland traditionelle Feste. Wie der Name schon sagt, wird hier gesellig zusammengehockt: Bier, Musik und der neueste Dorfschwank – mehr braucht man nicht für einen unterhaltsamen Abend! Auf den Weinfesten im Herbst wird getanzt und, na klar, eine Menge Wein getrunken. Und auch das eine oder andere Liebespaar hat im Festzelt schon feucht-fröhlich Bekanntschaft gemacht.

Hock am Turm

Ein Hock mit kulturellem Anspruch: Ende Juni veranstaltet die Musikhochschule (Urbanstr. 25) auf Stuttgarts Kulturmeile ihr Sommerfest. Auf drei Bühnen werden Alte und Neue Musik, Pop, Klassik, Kammermusik, Soul, Jazz und Funk gespielt. Mit einem kühlen Bier in der Hand kannst du der Musik lauschen, bis um Mitternacht die Töne leise über der Stadt verklingen. www.mh-stuttgart.de

Heslacher Hocketse

Als 2009 das Heslacher Ritterstüble geschlossen werden sollte, übernahmen die Stammgäste das Lokal kurzerhand selbst, und zwar ehrenamtlich. Mit demselben Engagement veranstalten sie seitdem auch die traditio-

nelle Heslacher Hocketse, die schon seit 1973 gefeiert wird. Und so geht es zwischen Bierzelt, Grill und Bühne ganz persönlich zu. Denn hier kennt jeder jeden. Das Fest findet am dritten Juliwochenende auf dem Bihlplatz statt. www.heslacher-hocketse.de

Stuttgarter Weindorf

Ende August/Anfang September werden in Stuttgart die Weinlauben aufgebaut und die Innenstadt verwandelt sich für zwölf Tage in ein gemütliches Weindorf. Mehr als 500 Weine aus schwäbischem Anbau kannst du bei Weinproben oder während eines entspannten Abends an der Bar probieren. Dazu gibt es landestypische Spezialitäten wie Maultaschen oder Gaisburger Marsch.

Auf dem täglichen „Weinrundgang" wirst du in die schwäbische Weinkultur eingeführt, in einigen Weinlauben erklingt Livemusik, in anderen werden Weincocktails gemixt und für die Kleinen ist ein Märchenerzähler eingeladen. Vor allem in den Abendstunden kann es im Weindorf schön romantisch werden. www.stuttgarter-weindorf.de

endlich **Stuttgart** endlich

endlich **Stuttgart**

Fellbacher Herbst

Der Fellbacher Herbst ist ein klassisches Weinfest, das seit 1948 alljährlich das gesamte Zentrum von Stuttgarts Nachbarstadt in Beschlag nimmt. Ein Festumzug, gute Weine und internationales Flair durch die Partnerstädte aus Frankreich, Italien und Ungarn halten die langjährige Tradition aufrecht. Hier kannst du jedes Jahr am zweiten Oktoberwochenende mit Weinliebhabern in Trachten bei Livemusik feiern. Am letzten Abend verabschiedet sich der Fellbacher Herbst mit einem großen Feuerwerk.

Besondere lokale Feste

Filderkrautfest

Mit Fassanstich und Krautabschmecken wird knapp 15 km von Stuttgart entfernt in Leinfelden-Echterdingen (Marktplatz, 70771 Leinfelden-Echterdingen) jedes Jahr im Oktober das traditionelle Filderkrautfest eröffnet. Von da an dreht sich ein Wochenende lang alles um den Spitzkohl von den Fildern. Der wird an den Buden in unterschiedlichster Form dargeboten – als Krautburger, Krautsalat oder Sauerkraut mit Schupfnudeln.

Auf den Bühnen in der Innenstadt treten Blaskapellen und Big Bands auf und es werden unterhaltsame Wettkämpfe ausgetragen: Prominente Bürger werden mit Krautköpfen aufgewogen, beim Krautwetthobeln wird der Krauthobelweltmeister gekürt und auf der Kohlympiade findet der altbewährte Spitzkohl-Fünfkampf statt. Wenn du auf urige Dorffeste stehst, bist du auf dem Filderkrautfest ganz richtig. www.vr-echterdingen.de --> Feste
--> Filderkrautfest

Schäferlauf

Du hast Lust auf ein leicht skurriles Fest mit langer Tradition? Seit 350 Jahren rennen Schäfertöchter und -söhne beim Schäferlauf in Markgröningen (knapp 20 km von Stuttgart entfernt) barfuß übers Stoppelfeld, um zu beweisen, dass sie ein flüchtiges Schaf wieder einfangen könnten – wie es sich für gute Schäfer eben gehört.

Die Füße brennen zwar nach dem stoppeligen 300-Meter-Lauf, doch dafür dürfen sich die Gewinner für ein Jahr „Schäferkönig" und „Schäferkönigin" nennen und bekommen als Preis ganz traditionell ein Schaf überreicht. Ohne Verwandtschaftsgrad zu einem Schäfer darfst du zwar nur zuschauen, aber ein kühles Bier und der Ehrgeiz der Teilnehmer machen das Ganze auch so zu einer ziemlich lustigen Angelegenheit. www.markgroeningen.de --> Schäferlauf

Stadtteil- und Straßenfeste

Ein Fest direkt vor der eigenen Haustür ist einfach unschlagbar: Du brauchst nicht lange anzureisen und kannst dich auch mal ganz spontan für ein Stündchen auf die Bierbank setzen, um deine Nachbarn (mal von einer anderen Seite) kennenzulernen. Und selbst wenn du ein Gläschen zu viel getrunken hast, hast du keine Schwierigkeiten, wohlbehalten nach Hause zu kommen.

Heusteigviertel Straßenfest

In Stuttgarts In-Viertel wird Ende Juni gefeiert. Bier, zünftiges Weißwurstfrühstück und internationale Küche gibt es wie auf vielen anderen Straßenfesten auch. Aber hier ist alles ein bisschen lässiger. So kannst du über den Vintage-Flohmarkt auf der Mozartstraße schlendern, am Obststand einen Bio-Fruchtcocktail bestellen und dich an einer der fünf Bühnen auf gute Bands und Singer-Songwriter freuen. http://strassenfest.heusteigviertel.info

endlich Stuttgart endlich

endlich Stuttgart

Marienplatzfest

Auf dem Straßenfest in der Südstadt tanzt du nicht zu müder Schunkelmusik, sondern zu Indie und Electronic. In Sitzsäcken und Hängematten kannst du das hoffentlich sonnige Juliwetter genießen und den Urban-Art-Künstlern bei der Arbeit zusehen. An den Ständen auf dem Marienplatz gibt es nachhaltige Speisen, von denen viele vegetarisch oder vegan sind. www.marienplatzfest.de

Hamburger Fischmarkt

Backfisch und Alsterwasser bringen alljährlich nordisches Flair ins Schwabenländle. Immer im Juli reisen die Nordlichter an den Neckar und bieten unter den Kastanien auf dem Karlsplatz Aal und Zander, Brathering und Krabben zum Verkauf. Dabei ist der Hamburger Fischmarkt weniger ein Verkaufsmarkt als ein Straßenfest. Bis in die Abendstunden kannst du bei Shanties und Hafenliedern zwischen den Buden sitzen, Cocktails trinken und zuhören, wie die schwarzhumorigen Fischverkäufer ihr Seemannsgarn spinnen.

Bohnenviertelfest

Am letzten Juliwochenende vor den Ferien feiert sich das Bohnenviertel selbst. Der Stadtteil wird von vielen Leuten für das schönste Viertel Stuttgarts gehalten, weil es im einzigen noch erhaltenen Teil der Altstadt liegt. Die Bewohner des Bohnenviertels und viele Besucher von außerhalb feiern rund um den Schellenturm bei Musik, Essen und reichlich Getränken. www.das-bohnenviertelfest.net

Volksfeste

Auf den Stuttgarter Volksfesten steht die Welt Kopf, denn das Angebot an Looping-Achterbahnen, Karussells und anderen Fahrgeschäften ist beachtlich – sowohl im Frühjahr als auch im Herbst:

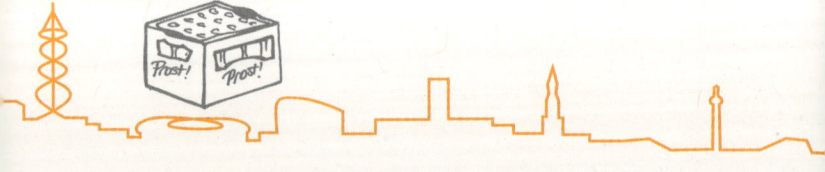

Stuttgarter Frühlingsfest

Drei Wochen Bierzelt, Bratwurst, Riesenrad und Achterbahn – das Stuttgarter Frühlingsfest ist das größte seiner Art in Europa und die Besucher reisen dazu von weit her an. Wenn du dir einen guten Platz im Festzelt sichern willst, solltest du also reservieren oder morgens früh da sein und deinen Platz auf der Bierbank gut hüten, denn der ist begehrt. Weil sich Alkohol und Achterbahn nicht immer ganz blendend vertragen, lohnt es sich vielleicht, einen Tag fürs Bierzelt und einen Extratag fürs Achterbahnfahren zu wählen. www.stuttgarter-fruehlingsfest.de

Cannstatter Volksfest

Nach dem Fest ist vor dem Fest! Ab September geht es zum „Cannstatter Wasen" – so heißt eigentlich der Festplatz, aber unter diesem Namen ist das Cannstatter Volksfest auch landläufig bekannt. Mehrere Millionen Besucher kommen jedes Jahr nach Stuttgart und lassen sich in den Fahrgeschäften durchschütteln: Neben Klassikern wie Wildwasserbahn, Kettenkarussell und Freefall-Tower warten ziemlich heftige Nummern wie der Star Flyer, der Transformer oder The Real Shake auf dich. Wenn du zu den Romantikern gehörst, komm zum Abschluss des Cannstatter Volksfests: Da gibt es ein Feuerwerk mit Musik. www.cannstatter-volksfest.de

endlich   Stuttgart   endlich
endlich   Stuttgart

Sommerfeste

Im Sommer macht das Feiern einfach mehr Spaß als in der kalten Jahreszeit: Du musst nicht ewig mit der Winterjacke an der Garderobe anstehen und in der Kälte auf den Bus warten. Du feierst draußen und nicht in einer beengten Halle. Und weil alle so gute Laune haben, gibt's im Sommer auch besonders viele feste Feste:

Stuttgarter Lichterfest

Wenn es Nacht wird, verwandelt sich der Killesberg an einem Juliabend in ein großes Lichtermeer. Park und Bäume sind mit bunten Lampions geschmückt und Pyrotechniker beweisen ihre Kunst und begeistern mit ihren musikalisch begleiteten Licht-Shows. Das ist so stimmungsvoll, dass dich bestimmt auch gleich das Gefühl überkommt, der Höhenpark sei der schönste Ort der Stadt. Bring am besten eine Picknickdecke mit und genieße die Traumlandschaft um dich herum. Nach dem größten Feuerwerk, das Stuttgart das Jahr über zu bieten hat, wird dann vor den Live-Bühnen noch richtig Party gemacht. www.lichterfest-stuttgart.de

Stuttgarter Sommerfest

Das klassische Stuttgarter Sommerfest erstreckt sich über den ganzen Schlossplatz und den Oberen Schlossgarten rund um den Eckensee. Sonne, Cocktails, gutes Essen und das erleuchtete Schloss laden zum Flanieren ein. Oder du setzt dich mit Freunden gemütlich ans Wasser. Tagsüber sind hier viele Familien unterwegs. Für junge Leute wird es vor allem abends interessant, dann treten nämlich spannende Newcomer und bekannte Acts auf. www.stuttgarter-sommerfest.de

Bälle

Stehst du auf große, festliche Anlässe mit schicken Kleidern und vornehmer Etikette? Bällen hängt ja der Ruf der elitären High-Society-Veranstaltung an. Aber vielleicht kannst du den bei einer der folgenden Veranstaltungen auch als Vorurteil entlarven?

Ball der Nationen

Vor mehr als 50 Jahren gründete der Internationale Studentenclub Stuttgart diesen Tanzabend, damit sich ausländische Studenten und Akademiker in Stuttgart kennenlernen konnten. Bis heute sind zahlreiche Nationen mit Ständen und Künstlern vertreten – seien es pontische Tänze aus Griechenland, Kammermusik aus Taiwan oder die vielfältige asiatische Küche aus Kasachstan. Und mit den günstigsten Karten ab 35 Euro sind Karten für Studenten sogar einigermaßen erschwinglich. Allerdings wirst du an diesem besonderen Abend in der Liederhalle natürlich eher die schickeren Semester antreffen. www.balldernationen-stuttgart.de

Stuttgarter Silvesterball

Wenn du einmal etwas ganz Besonderes erleben willst, dann kannst du den Jahreswechsel auf dem Stuttgarter Silvesterball verbringen. Hier trifft sich die Stuttgarter Schickeria zu Tanz, Akrobatikvorführungen und Drei-Gänge-Menü. Die Kartenpreise liegen zwischen 60 und 220 Euro, nur die große Silvesterparty ab 22.00 Uhr eignet sich auch für den studentischen Geldbeutel. Auf ein besonders junges Klientel solltest du trotzdem eher nicht hoffen.
www.stuttgarter-silvesterball.de

endlich **Stuttgart** endlich

endlich **Stuttgart**

Sportliche Feste

Für viele ist die abendliche Runde durch den Park oder auf dem Laufband der perfekte Ausgleich zum Alltag. Und in manchen erwacht dabei richtiger Ehrgeiz: Einmal einen Marathon laufen oder zumindest einen halben!

Immerhin letzteres ist in Stuttgart möglich. Bei diversen Sportfesten messen Freizeitsportler und Halbprofis ihre Kräfte. Auf der Strecke gibt es Energydrinks, an den Buden am Streckenrand Bratwürste und Bier.

Stuttgart-Lauf

Im Juni läuft Stuttgart! Einmal von Untertürkheim nach Freiberg und über Cannstatt wieder zurück, immer wieder am Neckar entlang – so sieht die Strecke des Halbmarathons aus. Wenn dir das eine Nummer zu groß ist, findest du genügend Alternativen: Du kannst den Halbmarathon auch mit Inlinern fahren, mit deinen Freunden als Staffel antreten oder die 7-Kilometer-Strecke wählen.

Für den entspannten Teil des Fests sorgt die Stuttgart-Lauf-Hocketse vor der Mercedes Benz Arena. Dort kannst du dich nach deinem erfolgreichen Lauf stärken oder auch einfach so mitfeiern.
www.stuttgart-lauf.de

Stuttgarter Nachtlauf

Wie es ist, bei Nacht sportlich durch die Stadt zu laufen? Das kannst du beim 10- oder 5-Kilometer-Nachtlauf Mitte September selbst testen. Gestartet wird am Marktplatz, von dort aus geht es einmal quer durch die City. Der 10-Kilometer-Lauf startet um 21.30 Uhr, mit der Zeit wird es also ganz schön duster. Ist die Tat vollbracht, schmeckt das Feierabendbier aber umso besser.

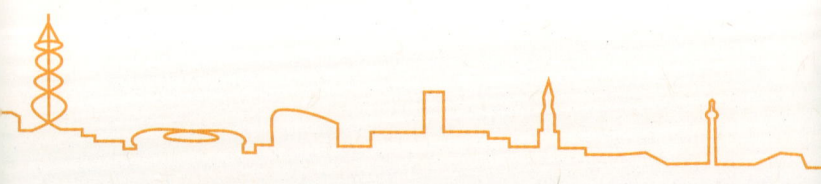

VfB-Sportfest

Kinder, Jugendliche und Erwachsene können sich beim VfB-Sportfest im Frühsommer in zahlreichen Leichtathletik-Disziplinen in und um die Hanns-Martin-Schleyerhalle und die Stadion-Festwiese messen: Sprint und Hürdenlauf, Weit-

und Hochsprung oder auch Schlagball-Weitwurf stehen auf dem Programm. Dazu gibt's Würstchen vom Grill, Siegerurkunden und Pokale. www.vfb-athletics.com/vfb-sportfest

City-Triathlon Backnang

500 m Schwimmen, 20 km Radfahren, 5 km Laufen und das alles hintereinander – dafür muss man ganz schön fit sein. Aber der City-Triathlon im knapp 30 km entfernten Backnang im September ist nicht nur was für Profis: Beim Jedermann-Wettbewerb können sich alle Sportbegeisterten im Freibad und auf dem Rad- und Laufkurs in der Backnanger Altstadt miteinander messen. Zum Rahmenprogramm gehören Weißwurstfrühstück, Infostände rund um das Thema Triathlon und natürlich Musik. www.citytriathlonbacknang.de

Festivals

Ein Film, ein Konzert oder ein Theaterstück ist dir einfach zu wenig? Ein paar Tage tanzen findest du eindeutig besser als nur ein paar Stunden? Dann bist du wohl ein typischer Festivalgänger. Vor allem im Musik- und Kulturbereich hat Stuttgart da einiges zu bieten:

endlich Stuttgart endlich

endlich Stuttgart

Stuttgartnacht

Die Stuttgartnacht ist DAS kulturelle Event in der Landeshauptstadt. In mehr als 70 Locations werden Theater und Kleinkunst,
A-Cappella-Musik und Bandkonzerte, Filmvorführungen und Ausstellungen geboten.

Für rund 15 Euro bekommst du ein Ticket und bist dann mit dem
Shuttle-Bus in der Stadt unterwegs. Deine Route wählst du selbst
und hast von 19.00 bis 2.00 Uhr nachts Zeit, die für dich interes-
santesten Stationen zu besuchen. www.stuttgartnacht.de

Musik

Mit dem **Mixery HipHop Open** hat Stuttgart das größte Hip-Hop-
Festival Deutschlands am Start. Einmal jährlich im Juli geben
Künstler aus aller Welt im Bad Cannstatter Reitstadion (Talstr. 209)
einen Samstag lang ihre Songs zum Besten. Ein Ticket kostet dich
65 Euro, dafür bekommst du aber auch einige hochkarätige Acts
geboten. www.mixeryhiphopopen.de

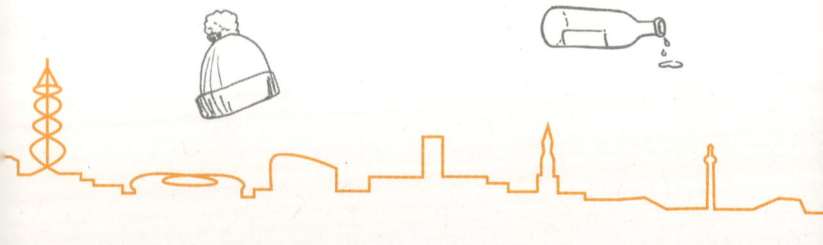

Beim **SWR Sommerfestival** auf dem stimmungsvollen Schlossplatz wird viel Livemusik angesagter Künstler gespielt, dazu gibt es Comedy und einen Open-Air-Tatort. Die Veranstaltung des regionalen öffentlich-rechtlichen Fernseh- und Radiosenders findet an drei bis vier Tagen im Frühsommer statt. www.swr.de/sommerfestival --> Stuttgart

Das **Jazzopen** bringt jedes Jahr im Juli den Jazz in die Stadt – und nicht nur den, sondern auch Funk, Soul, RnB und noch manches mehr. Unter anderem vor der malerischen Kulisse des Neuen Schlosses treten international bekannte Jazz-Größen und Musiker benachbarter Richtungen auf. Das Event dauert eine gute Woche lang. www.jazzopen.com

Ein etwas kleineres, aber sehr beliebtes Festival, für das du zur Abwechslung mal nicht zum Geldbeutel greifen musst, ist das nichtkommerzielle **Umsonst & Draußen** auf der Uniwiese am Campus Vaihingen (Pfaffenwaldring). An einem August-Wochenende kannst du hier kostenlos Bands verschiedenster Musikrichtungen und einzelne Theater- und Poetryacts genießen. www.ud-stuttgart.de

endlich **Stuttgart** endlich
endlich **Stuttgart**

Ein ähnlich buntes Programm bietet das **Lab-Festival**, das jährlich am letzten Augustwochenende stattfindet. Ebenfalls bei freiem Eintritt kannst hier im unteren Schlossgarten internationale Leckereien probieren, dich an Infoständen über die lokalen Vereine und Verbände informieren und vor allem kostenlose Konzerte anhören. Geboten wird ein Sammelsurium aus Ska, Folk, Gipsy Swing, Kammerpop, Rock 'n' Roll ... www.laboratorium-stuttgart.de --> Lab-Festival

Das jüngste Mitglied der Stuttgarter Festivalfamilie ist das alternativ angehauchte **Stuttgart Festival**, das im Sommer auf der Messe Stuttgart (Messepiazza 1) seine Zelte aufschlägt. Unter freiem Himmel bringen hier deutsche und internationale Bands Indie, Electropop und Rock auf die Bühne. Wenn du mit dem Ticketkauf früh genug dran bist, kannst du dir ein günstigeres Early-Bird-Ticket sichern. www.stuttgartfestival.de

Fans von klassischer Musik können alle zwei Jahre im Innenhof des berühmten Jagdschlosses Solitude das Festival **Open Air Schloss Solitude** genießen. Gemeinsam mit internationalen Musikergrößen bringen die Klassische Philharmonie Stuttgart und der Stuttgarter Kammerchor meist im Juli eine Oper oder ein musikalisches Schauspiel auf die Bühne. www.musikpodium.com

--> Veranstaltungen
--> Open Air Schloss Solitude

Kultur

Wie wäre es statt Club-Hopping mal mit nächtlichem Museums-Hopping? Gelegenheit dazu hast du jedes Jahr im Frühling bei der

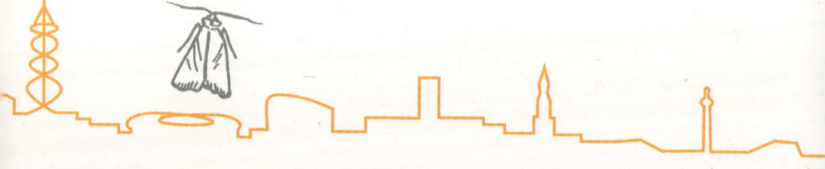

Langen Nacht der Museen. Für rund 17 Euro kannst du von 19.00 bis 2.00 Uhr über 90 Museen, Galerien und Ausstellungsorte besuchen. Ein ausgeklügelter Bus- und Bahnshuttleservice bringt dich auch in entlegenere Stadtteile. www.lange-nacht.de

Beim **Sommerfestival der Kulturen** zeigt sich Stuttgart von seiner internationalen und interkulturellen Seite. Da treffen Balkanbeats auf swingende Pariser Chansons und katalanische Ska-Klänge auf polnischen Jazz. Das Fest findet an

sechs Tagen im Juli auf dem Stuttgarter Marktplatz statt. Wenn du an den Buden vorbeischlenderst, locken dich die unterschiedlichsten internationalen Speisen und du kannst dich wahrscheinlich kaum entscheiden. Mehr als 60 Kulturvereine aus 30 Ländern sind beim Sommerfestival der Kulturen dabei.
www.sommerfestival-der-kulturen.de

Das **Afrika-Festival Stuttgart** findet jedes Jahr im Stadtteil Heslach (Erwin-Schoettle-Platz) statt. Jedes Jahr am zweiten Juliwochenende kannst du hier afrikanisches Essen probieren, Bands lauschen, mittanzen, Modeschauen bewundern und bei Workshops selbst aktiv werden. www.afrikafestival-stuttgart.de

Film

Beim **Indischen Filmfestival** im Metropol Kino (Bolzstr. 10) könnt ihr fünf Tage lang Spielfilme, Dokumentationen und Gesprächsrunden rund um den nach China bevölkerungsreichsten Staat der Erde

verfolgen. Die Veranstaltung findet jährlich im Juli statt. Besonders ist daran, dass so gut wie keine Bollywood-Filme, sondern unbekannte Arthaus-Produktionen und Dokus gezeigt werden. www.indisches-filmfestival.de

Liebhaber des animierten Films kommen jedes Jahr im Mai beim **Internationalen Trickfilm-Festival Stuttgart** auf ihre Kosten. Verteilt auf mehrere Kinos und Open-Air-Plätze mit Großleinwänden bietet das weltweit geschätzte Festival neben fantasievollen Wettbewerbsbeiträgen viele Workshops, Werkschauen und Ausstellungen. www.itfs.de

Um alle Arten von Science Fiction, Thriller und Fantasy dreht sich das **Fantasy Filmfest** im Metropol Kino (Bolzstr. 10). Du kannst dich von abenteuerlichen 3D-Computer-Animationen inspirieren und von angsteinflößenden Horrorfilmen verschrecken lassen. www.fantasyfilmfest.com --> Stuttgart

Tanz

Das **Internationale Solo-Tanz-Theater Festival** (Rotebühlplatz 28) bietet jungen Tänzern die Chance, ihr Talent unter Beweis zu stellen. Und wer weiß, vielleicht entdeckst du ja beim Zuschauen deine eigene tänzerische Ader? www.solo-tanz-theater.de
--> Festival

Literatur

Wer lieber schreibt und liest statt zu tanzen, ist beim **Literatursommer** besser aufgehoben. Wenn du jetzt an die anstrengenden

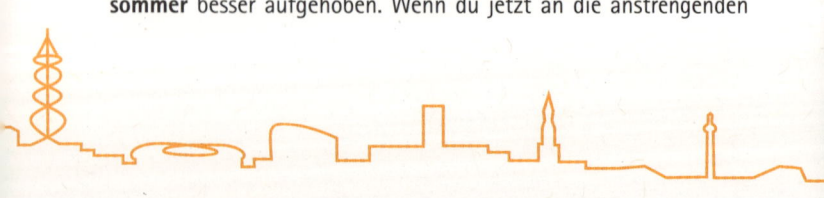

Schiller- und Goethewerke der Schulzeit denkst, liegst du falsch: Vom Poetry-Slam bis zum Schreib-Workshop ist hier einiges geboten. Der Literatursommer findet alle zwei Jahre statt.
www.literatursommer.de

An einem Sonntag im Juli ist es Zeit für den **Open Air Poetry Slam**, der in Stuttgart mittlerweile schon legendär ist. Du solltest dich also rechtzeitig um Karten kümmern, denn hier tritt die Crème de la Crème der Slammer an und dementsprechend schnell ist der Abend ausverkauft. Manchmal sogar so schnell, dass der Wettbewerb schon mal vom gemütlichen Innenhof des Clubs Zollamt ins Gazi-Stadion der Stuttgarter Kickers verlegt wird!
www.poetryslam-stuttgart.de --> Open Air Poetry Slam

Theater & Kabarett

Das Theaterfestival **Made in Germany** steht stellvertretend für das multikulturelle Zusammenleben in Stuttgart: Alle Stücke beschaftigen sich mit dem Thema Einwanderung. Die Schauspieler, die hier ihre Ideen präsentieren, sind Künstler aus der Gegend, die selbst einen Migrationshintergrund haben.
www.madeingermany-stuttgart.de --> Made in Germany

Ebenfalls sehenswert ist das **Stuttgarter Kabarettfestival**, das einmal jährlich im Frühjahr stattfindet. Für den einwöchigen Wettbewerb können sich interessierte Bühnenkünstler vorab bewerben, acht ausgewählte Kandidaten treten dann im Renitenztheater auf und werden von Jury und Publikum bewertet.
www.stuttgarterkabarettfestival.de

Ganz besonderes Theater über mehrere Tage erlebst du beim **Internationalen Figurentheaterfestival Imaginale**. Hier lassen Künstler aus aller Welt Puppen und Bilder tanzen und entführen dich in eine fantasievolle Theaterwelt. www.imaginale.net

endlich Stuttgart endlich

endlich Stuttgart

Trollinger

langweilig, spießig, kleinbürgerlich

Mir gäbet nix!

Trollinger Industriestadt

hässliche Industriestadt

Hochdeutsch?

Autostadt

endlich!

Trollinger

Autostadt

hässliche Industriestadt

Mir gäbet nix!

unzüchtiger Brunnen

Hochdeutsch?

Lar

Mythen
Mythen
Mythen

Mir gäbet nix!

hässliche Industriestadt

Trollinger

Hochdeutsch?

Autiger Brunnen

Autostadt

Hochdeutsch? Mir gäbet

unzucht

Trollinger

weilig, spießig, kleinbürgerlich

Mir gäbet nix!

hässliche Industriestadt

Autostadt

Hochdeutsch

Trollinger

Mir gäbet nix!

weilig, spießig, kleinbürgerlich

Mir gäbet

Zur Schwabenmetropole hat wohl jeder eine Idee im Kopf, egal ob man schon einmal dort war oder nicht. Wutbürger, Autos, Kehrwoche und Sparsamkeit sind nur einige der Schlagworte, die einem zu Stuttgart einfallen. Und was steckt hinter den Klischees? Was macht einen waschechten Stuttgarter und seine Stadt tatsächlich aus? Und noch wichtiger: Was davon ist verwerfliches Vorurteil und was knallharte Tatsache? Hier werden Geheimnisse gelüftet – und Geschichten erzählt.

Die hässliche Industriestadt

Stuttgart ist nicht gerade eine Stadt, die auf den ersten Blick einen atemberaubenden Eindruck hinterlässt. Die Königstraße ist zwar eine der längsten Fußgängerzonen von ganz Europa, das macht sie aber auch nicht schöner. Auch das betonklotzartige Rathaus reißt einen nicht vom Hocker. Die Landeshauptstadt ist wohl mehr für ihre starke Wirtschaftskraft bekannt, als für ihre Schönheit. Echte Stuttgart-Kenner werden dir aber trotzdem vehement widersprechen, wenn du von einer hässlichen Stadt sprichst.

Denn Stuttgarts Schönheit liegt eher im Verborgenen. Einzelne Plätze und Stadtteile, die auf den ersten Blick nicht weiter auffallen, entpuppen sich auf den zweiten als wahre Hingucker. Innenstadtbezirke wie der Süden und Westen haben Charme und bieten dir wunderschöne Altbauten, die in der Königstraße fehlen. Auch der beliebte Schlossplatz im Stadtinneren ist einer der Orte, auf die man als Stuttgarter stolz ist. Dazu gibt es

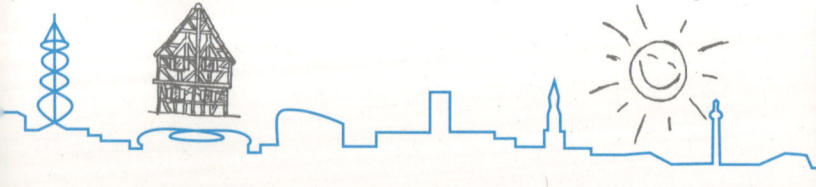

viele grüne Flecken, zu den schönsten gehört sicher der riesige Schlossgarten. Also Vorsicht: Keine vorschnellen Urteile fällen, die Schwaben sind ein sensibles Völkchen!

Langweilig, spießig, kleinbürgerlich

Nachts ist die Stadt ausgestorben, die jungen Stuttgarter leben nach dem Grundsatz „Schaffa, schaffa Haisle baua ond net noch de Mädla schaua". Am Wochenende erholt man sich nicht, sondern es wird „weidergschaffd": Es gilt, die Kehrwoche einzuhalten, das Rasenmähen im Gärtle nicht zu vergessen und zur Stärkung "Lensa medd Soida ond Schbädzla" (Linsen mit Saitenwürstchen und Spätzle) zu kochen. Die erstgenannte Aufgabe ist dabei stets samstags zu erledigen. Könnte ja sein, dass ausgerechnet am Sonntag ein Jurymitglied auf Kandidatensuche für „Stuttgarts sauberste Hausgemeinschaft" vorbeikommt.

Und vor allem geht es natürlich ums Prinzip; wo kämen wir denn da hin, wenn jeder die Regeln so auslegt, wie es ihm gerade passt. Denn Sauberkeit und Regeln garantieren ein geordnetes Leben. Fremde Kulturen sollte man meiden, da könnte man sich ja was einfangen. Ja, so lauten die bitteren Klischees, die man sich als Stuttgarter anhören muss. Und was ist dran an den Anschuldigungen?

Einerseits wird in Stuttgart tatsächlich großer Wert auf eine feinsäuberliche Ausübung der Kehrwoche gelegt. Nicht selten sind Nachbarn wegen unterschiedlicher Sauberkeits-Vorstellungen tief verfeindet. Und natürlich gibt es sie, die schwäbische Kleinfamilie,

endlich Stuttgart endlich

endlich

Stuttgart

die höchstens mal zum Theaterabend das Häusle verlässt und deren wöchentliches Highlight im sonntäglichen Tatort besteht.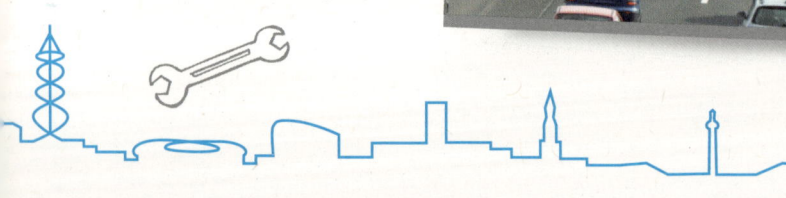

Aber mal alle Klischees beiseite und ganz ernst: Von ausgestorbenen Straßen des Nachts kann in der Stuttgarter Innenstadt kaum die Rede sein: Es gibt genug Orte, an denen von Freitag bis Sonntag durchgefeiert wird. Und wenn gegen 4.00 Uhr die gängigen Locations dicht machen, wird zur Afterhour ins Toy umgezogen, wo die wildesten Partygänger sonntags bis 15.00 Uhr durchfeiern können. Zudem deutet ein 38-prozentiger Anteil von Stuttgartern mit Migrationshintergrund doch auf eine gewisse kulturelle Offenheit der Schwabenmetropole hin. Badenser wurden hierbei übrigens nicht berücksichtigt. [sic!]

Und ganz so spießig, wie man es ihnen vorwirft, können die Schwaben auch nicht sein, wenn sie einen splitterfasernackten, weißbärtigen Mann auf dem Barhocker ihrer Lieblingskneipe tolerieren. Erlaubt ist das allerdings nur einem: dem „Designer, Musiker, Model und Schauspieler" Big Tom Yardley (Berufsbezeichnung nach eigener Angabe). Mit etwas Glück kannst du die Stuttgarter Lokalberühmtheit im Romy S, Climax oder Tonstudio antreffen. Du wirst ihn auf den ersten Blick erkennen.

Stuttgart = Autostadt

Heiligs Blechle! Knapp ein Drittel der Einwohner wäre wohl arbeitslos, wenn Daimler, Porsche und Bosch nicht in Stuttgart wären. Aufgrund dieser Tatsache lässt sich kaum leugnen, dass die Landeshauptstadt eine Autostadt ist. Dass Stuttgart 2014

die Stadt mit der höchsten Feinstaubbelastung in Deutschland war, macht die Sache nicht besser. Kein Wunder, steigen die Zulassungszahlen der PKW doch jedes Jahr an.

Allerdings haben die Stuttgarter mit Fritz Kuhn seit Anfang 2013 einen grünen OB - und die Landesregierung ist ja zumindest bis März 2016 sowieso Grün-Rot. Und auch im wörtlichen Sinne ist die Schwabenmetropole ganz schön grün: Der Schlossgarten, der sich von der Innenstadt bis nach Bad Cannstatt erstreckt, ist nur ein Teil von acht Kilometern Grünfläche am Stück. Wenn schon Autostadt, dann also wenigstens eine grüne.

Der unzüchtige Brunnen

Der Eugensplatz im Stuttgarter Osten bietet dir nicht nur eine wunderbare Aussicht auf die Stadt, auch der dort stehende Galateabrunnen ist ein wahrer Augenschmaus! Diese Belohnung wirst du auch bitter nötig haben, denn der Aufstieg über die steilen Stäffele, die kleinen Weinberg-Treppen, ist recht anstrengend. Auf dem Aussichtsplateau angekommen, begrüßt dich dann die halbnackte Galatea, die Tochter des Meeresgottes Nereus.

Die Bevölkerung war nach der Fertigstellung des Brunnens 1890 so über die Rundungen der dargestellten Dame erzürnt, dass die Stifterin Königin Olga drohte, die Statue um 180 Grad zu drehen. So hätte die aufreizende Dame der Schwabenmetropole den Allerwertesten gezeigt. Nach dieser Drohung gab das Volk Ruhe.

Mir gäbet nix!

Lebensweisheiten der Schwaben: „D'Gugga ned emmer glei wegschmeißa" oder „Am Geburdsdaag dr Frau an schena Spaziergang schenga, no kaa se sich dr Bloamastrauß selbr pfligga". Tatsächlich kriegt man beim Supermarktbesuch auch mal eine ältere Dame zu Gesicht, die sich an der Kasse wutentbrannt weigert, den auf dem Etikett viel zu hoch ausgewiesenen Preis zu bezahlen.

Der hilflos dreinblickende, hochdeutsch sprechende, junge Kassierer wird der Lüge bezichtigt, die Frau an der Fleischtheke habe ganz sicher etwas von „Sonderangebot" geredet. Nach längerer Diskussion mit zahlreichen sprachlich bedingten Missverständnissen und wachsender Schlange an der Kasse, knallt die Urschwäbin das wahnsinnig teure Paar Saitenwürstle (1,45 Euro) auf das Band und verlässt fluchend den Laden.

Vorurteile halten sich ja bekanntlich hartnäckig, aber meistens ist an ihnen auch etwas Wahres dran: So war das Schwabenländle lange vor Daimler & Co. eine arme, bäuerliche Gegend, in der man gut haushalten musste, um sein Auskommen zu sichern. Heute geht's den Schwaben aber bekanntlich finanziell besser. Eine Sache hat sich allerdings doch gehalten: Bestellst du im Besen ein Viertele Trollinger, wirst du nur 0,2 Liter erhalten. Bevor du dich dann beschwerst, solltest du wissen, dass es sich hierbei eben um ein „Schwäbisches Viertele" handelt.

Schwaben und das Hochdeutsch

Der Werbeslogan der Stuttgarter Brauerei Schwabenbräu spiegelt es perfekt wider: „Fließend schwäbisch. So sprechen wir. Das schätzen wir." Die Stuttgarter Einwohner lieben ihre Regionalsprache und haben ihre Schwierigkeiten mit dem Hochdeutschen. Aber keine Angst: Tiefstes Schwäbisch spricht heute nur noch die ältere indigene Bevölkerung. Eine Ausnahme bilden allerdings die Bewohner der Schwäbischen Alb und der Schwäbisch sprechende Bevölkerungsteil des Schwarzwaldes. Falls du dich also traust, das sichere Großstadtterrain zu verlassen, solltest du dir das überlebensnotwendige schwäbische Grundvokabular aneignen. --> Hilfe findest du in den „Sprachregeln" ab S. 252

Nur in Baden gibt's guten Wein

Der schlechte Ruf des Württembergischen (Schwäbischen) Weins im Gegensatz zum Badischen hält sich seit Jahrzehnten. Grund dafür ist eine Rebsorte: der Trollinger. Aufgrund seines meist geringen Zuckergehalts schafft der es nämlich eher selten unter die Prädikatsweine. Doch das kümmert den Schwaben wenig: Die Stuttgarter lieben ihren Trollinger und so wird die Rebsorte fast ausschließlich in Schwaben angebaut und konsumiert.

Die Leidenschaft für den Wein ist früh erblüht: Anlässlich seiner Hochzeit stellte der Herzog Ulrich von Württemberg im Jahr 1511 der Öffentlichkeit einen riesigen Weinbrunnen zur Verfügung. Dabei

sollen rund 4,5 Millionen Liter den Gaumen hinabgeflossen sein. Und noch heute sind im Landschaftsbild die ersten Zeichen dieser anhaltenden Liebe erkennbar: Etwa 400 Stäffele gibt es in Stuttgart zu erklimmen. Die kleinen Stufen rund um den Talkessel wurden angelegt, um die steilen Hänge für den Weinbau nutzbar zu machen. In Württemberg gibt's also nicht nur guten Wein, sondern auch einen mit langer Geschichte.

Kürzere Tage

Lo und Lu

Wo die Löwen weinen

Lannert und Bootz

SOKO Stuttgart

Vergeltung am Degerloch

erdl

The Avengers

Dr. Klein

Toter Mann

Lisa Neiz

Verfehlung

Die russische Herzogin

fiktiv
Stuttgart
Stuttgart
fiktiv
fiktiv
fiktiv
The Avengers
Am zwölften Tag
Lieblingsmomente
Dengler
Spätzleblues

Was für die USA New York und Los Angeles sind, sind für Deutschland Berlin und ... ja, was denn nur? München vielleicht, Hamburg oder Frankfurt. Wann immer aber Stuttgart in Literatur, Film und Fernsehen auftaucht, besteht die Gefahr des Klischees. Saubere Straßen, spießiges Bürgertum und Wutbürger stehen hoch im Kurs, wenn die Landeshauptstadt zum Schauplatz wird. Das ist mal ärgerlich, mal unterhaltsam und mal sensibel erzählt.

Stuttgart zum Lesen

Familiengeschichten

Petra Durst-Benning: „Die russische Herzogin" (List Verlag / Ullstein)

Das Leben am Stuttgarter Hof im 19. Jahrhundert: Als die Zarentochter Olga ins Schwabenland kommt, fühlt sie sich hier sehr fremd. Da ihre Ehe mit Kronprinz Karl kinderlos bleibt, nimmt sie stattdessen Wera, die junge Nichte des Zaren, bei sich auf. Gemeinsam versuchen die beiden nun, sich in der neuen Heimat zurechtzufinden. Ein historischer Roman über das wahre Leben zweier bedeutender Persönlichkeiten.

Anna Katharina Hahn: „Kürzere Tage" (Suhrkamp)

In den schnieken Altbauten des Lehnenviertels wohnt Stuttgarts Bildungsbürgertum. Hier ist die Welt noch in Ordnung – will man meinen. Doch weit gefehlt: Hinter den Fassaden lauern düstere Geheimnisse. Tablettensüchtige Mütter und Burn-out-gefährdete Karrierefrauen bilden nur die Spitze des Eisbergs. Die Stuttgarter Autorin wurde für ihren Roman mehrfach ausgezeichnet.

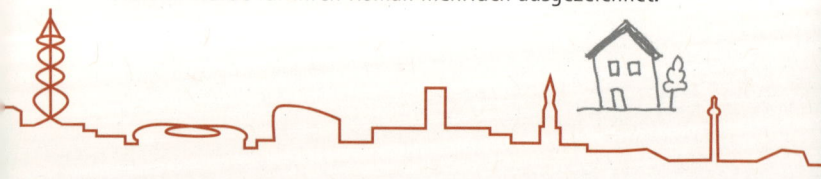

Hanns-Josef Ortheil: „Lo und Lu. Roman eines Vaters." (btb Verlag)

In einem autobiografischen Roman beschreibt der in Stuttgart lebende Autor und Literaturprofessor Ortheil den Alltag mit seinen Kindern Lo und Lu von 1995 bis 2001. In der berührenden Studie über das Familienleben in Stuttgart begleitet er seine Kinder beim Aufwachsen bis zu ihren ersten Schuljahren – mit einem ironisch-liebevollen Blick.

Krimis/Thriller

„Lisa Nerz" – Krimireihe

Christine Lehmanns Krimireihe um die bisexuelle Reporterin und Privatdetektivin Lisa Nerz umfasst mittlerweile elf Bände. Bei ihren Ermittlungen verschlägt es Lisa Nerz an die verschiedensten Orte in Stuttgart – mal in die Wilhelma und mal in den Gaisburger Schlachthof. So lernst du deine neue Heimat aus der Perspektive der Privatermittlerin kennen.

Christine Lehmann: „Lisa Nerz. Vergeltung am Degerloch" (ariadne / Argument Hamburg)

Im ersten Band der Reihe wird vor der Johanneskirche die Leiche eines jungen Mannes gefunden. Er soll Opfer einer gewalttätigen Feministin geworden sein. Der perfekte Fall für Lisa Nerz, die zufällig selbst für eine radikale Frauenzeitschrift schreibt. Gemeinsam mit Krk, Redakteur des Stuttgarter Anzeigers und Alkoholiker, begibt sie sich auf die Jagd nach dem Verbrecher … oder der Verbrecherin.

endlich Stuttgart endlich
endlich Stuttgart

„Dengler"-Krimis

Der Stuttgarter Privatermittler Georg Dengler, Ex-BKA-Ermittler und trinkfester Bluesfan, ist der Held in Wolfgang Schorlaus erfolgreicher Krimireihe. Mittlerweile sind sieben Bände erschienen und er ermittelt wacker weiter.

Wolfgang Schorlau: „Am zwölften Tag. Denglers siebter Fall." (KiWi Taschenbuch)

Nicht nur Denglers Sohn ist plötzlich wie vom Erdboden verschluckt, auch einige seiner Freunde sind nicht auffindbar. Ominöse Tierrechtsaktivisten-Aufkleber und heimlich gedrehtes Material aus Mastbetrieben bringen den Ermittler allmählich auf die richtige Fährte. Doch seit wann ist sein Sohn in dieser extremen Szene aktiv? Weiß Dengler noch, wer Jakob wirklich ist? Während der Ermittlungen deckt er die üblen Machenschaften der Lebensmittelindustrie auf.

Heinrich Steinfest: „Wo die Löwen weinen" (Piper Taschenbuch)

Stuttgart im Jahr 2010: Der Münchener Kommissar Rosenblüt kehrt in seine Heimatstadt Stuttgart zurück, in der er im Mordfall am Sohn eines Geologieprofessors ermitteln soll. In der Stadt, in der der Protest um Stuttgart 21 tobt, entspinnt Steinfest den Fall um einen Durchschnittsbürger, den der Zorn über die Willkür der Mächtigen zum Scharfschützen macht.

Seichte Unterhaltung

Elisabeth Kabatek: „Spätzleblues"
(Droemer Knaur)

Die chaotische Pipeline Praetorius hat nicht nur einen komischen Namen, sondern auch ein komisches Leben. Nach „Laugenweckle zum Frühstück" und „Brezeltango" schlängelt sich die Stuttgarterin im letzten Teil der Trilogie durch ihr turbulentes Liebesleben und einen neuen Job in einer Werbeagentur. Online gibt es dazu die Übersetzungshilfe fürs Schwäbische. www.e-kabatek.de

--> Spätzleblues

Adriana Popescu: „Lieblingsmomente"
(E-Book bei Piper)

Und noch was fürs Herz: Alles beginnt mit einem Schnappschuss, den eine Partyfotografin von einem tanzenden Partygast macht. Eigentlich sind Layla und Tristan beide vergeben, als sie einander kennenlernen. Doch dann zeigt Tristan Layla auf seiner alten Vespa die schönsten Ecken Stuttgarts. Ein Lieblingsmoment folgt dem anderen: Ist das die große Liebe oder zu schön, um wahr zu sein?

Stuttgart zum Schauen

Mit der Filmakademie Baden-Württemberg in Ludwigsburg hat Stuttgart eine der großen Ausbildungsstätten für Nachwuchsfilmemacher direkt nebenan – Preisregen und Oscar-Nominierungen inklusive. Aber nicht nur hinter, sondern auch vor der Kamera hat sich Stuttgart zu einer Filmregion entwickelt:

Auf der Leinwand

The Avengers (Touchstone, 2012)

In der US-amerikanischen Comicverfilmung verteidigen Superhelden u. a. den Schlossplatz und die Stuttgarter Oper. Doch es fallen Fehler ins Auge: Ein VW-Golf muss als Polizeiauto herhalten, die Bolzstraße heißt „Bolzastraße" und der Hauptbahnhof ist so klein wie eine U-Bahn-Station. Wie das kommt? Es wurde nicht am Originalschauplatz gedreht – Stuttgart wurde in Cleveland nachgebaut!

Toter Mann (Süddeutsche Zeitung Bibliothek, 2001)

In einem Stuttgarter Hallenbad trifft Thomas auf Leyla, er lädt sie in sein Penthouse über den Dächern der Stadt ein, doch am nächsten Morgen ist sie verschwunden. Aus der scheinbaren Liebesgeschichte entwickelt sich ein Thriller, der offenbart, dass die geheimnisvolle Leyla etwas anderes will, als eine romantische Beziehung.

Verfehlung (Penrose AV Medien, 2014)

Als sein Kollege und bester Freund Dominik verhaftet wird, ist der katholische Gefängnisseelsorger Jakob geschockt. Es besteht Verdacht auf sexuellen Missbrauch. Jakob will das nicht wahrhaben, doch im Laufe der Zeit wachsen Zweifel und Jakobs Glaube wird auf die Probe gestellt: Sagt Dominik die Wahrheit? Was ist richtig, was ist falsch? Gedreht wurde unter anderem in der Kirche St. Maria.

TV-Serien

Berlin, Berlin (Universum Film GmbH)

Nach drei Staffeln Berliner Großstadtleben beschließt die Hauptfigur Lolle, einen seriösen Job in Stuttgart anzunehmen. Vor Ort wird die Comiczeichnerin mit schwäbischer Spießigkeit konfrontiert – Kaugummis spuckt man nicht auf den Boden und Nasenpiercings sind nicht gern gesehen. So hält sie es hier nur zwei Folgen aus.

Dr. Klein (Studio Hamburg Enterprises)

Die kleinwüchsige Dr. Valerie Klein arbeitet als Oberärztin an der fiktiven Stuttgarter Rosenstein-Kinderklinik. Christine Urspruch spielt eine Ärztin, die nicht nur beruflich, sondern auch privat mit ihrer pubertierenden Tochter gefordert ist. Zudem hat sie immer wieder mit ihrer unselbstständigen Schwester und dem dementen Vater zu kämpfen. Gedreht wird im Bürgerhospital Stuttgart.

SOKO Stuttgart (Edel Germany GmbH)

Seit 2009 löst das Ermittlerteam in und um Stuttgart abenteuerliche Fälle in allen erdenklichen Milieus. Kostproben gefällig? Im Eisstadion wird die Ehefrau eines Eishockey-Torhüters aufgefunden, erschlagen von dessen Eishockeyschläger. Auf der Wache bricht eine verwirrte junge Frau zusammen, die in einem Stuttgarter Kickbox-Studio verhaltensauffällige Mädchen trainierte. Als ein Bauunternehmer ermordet aufgefunden wird, ermitteln die Kommissare zwischen eifrigen Häuslebauern und illegalen Schwarzarbeitern.

Tatort (SWR)

Die Kommissare Lannert (Richy Müller) und Bootz (Felix Klare) ermitteln seit 2008 in Stuttgart. So bekommen die Zuschauer zwei- bis dreimal im Jahr Einblicke in die schwäbische Lebenswirklichkeit – natürlich mit dem nötigen Maß an Fiktion: Ist der Absturz eines Freikletterers am Cannstatter Pfeiler tatsächlich ein Unfall? Was führt die Zuffenhausener Adoptionsagentur im Schilde? Und warum trachtet man dem Keramikhändler auf dem Friedhof nach dem Leben?

endlich **Stuttgart** endlich

endlich **Stuttgart**

Heb mol! Gruschd

Lällebäbbel

lupfen

Gudsle Veschber

Gudsle §

Sprachregeln

und nützliche

Vokabeln

Gruschd

Lällebäbbel

Gudsle

Veschber

Heb mol!

Gudsle

lupfen

Gruschd

§

Lällebäbbel

§

§

lupfen

§

lupfen

Lällebäbbel

Heb mol!

§

Veschber

Gudsle

Die schwäbische Sprache ist eine komplizierte und ernstzunehmende Kunstform der Alltagskommunikation. Nicht jeder kann das einfach so lernen. Was du aus dem Fernsehen kennst, das ist Hochdeutsch mit schwäbischem Akzent. Da die meisten Schwaben – gerade in Stuttgart – aber zum Glück zweisprachig aufgewachsen sind, brauchst du als Neuling Schwäbisch nicht zu sprechen, sondern nur zu verstehen. Denn in ganz Stuttgart wird Deutsch und meist auch Englisch gesprochen.

Im schwäbischen Hinterland ist es jedoch angeraten, einen einheimischen Dolmetscher mitzunehmen. Echtes Schwäbisch ist für Nichtschwaben unverständlich und verlangt Untertitel. Es wird übrigens nicht gerne gehört, wenn Nichtschwaben ("Neigschmeckte") sich am schwäbischen Dialekt versuchen. Das hört sich schrecklich gekünstelt an. Gerade die Nasallaute können Nichtschwaben schwer imitieren und verursachen falsch ausgesprochen dem Schwaben Schmerzen im Gehörgang.

 ## § 1 Aussprache

Echtes Schwäbisch ist oft gar nicht als deutscher Dialekt erkennbar, sondern klingt wie irgendetwas Fremdländisches. Mit Hilfe einiger einfacher Ausspracheregeln lässt sich aber manches deutsche Wort wiedererkennen.

Die folgenden Lautverschiebungen gelten aus historischen Gründen allerdings nicht zwangsläufig für alle Wörter. Außerdem gibt es im Schwäbischen noch regionale Unterschiede, auf die wir hier nicht eingehen können.

Als besonders übler Sprachtest gilt übrigens das Wort „oâgnehm" (unangenehm). Der erste Buchstabe ist ein offenes o, der zweite ein Nasallaut. Höchst unangenehm ...

Lautverschiebungen im Schwäbischen

Deutsch	Schwäbisch	Beispiel
p	b	Puppe → Bubbe
t	d	Treppe → Drebbe
k	g	der Gockel → dr Goggel
st	sch(d)	Was willst du? → Wâs willschd?
sp	schb	Wie spät ist es? → Wie schbäd isch es?
a	e	Das Brot → des Brod
a	â (Nasal-A)	Frag nicht so dumm. → Frâg ned so bled. Das geht nicht. → Des gâd ned.
i	e	springen → sprenge Ihnen → Ehne
ö	e	schön → sche
ü	i	Günther → Ginder
u	o	Hund → Hond
ei	oi	Was meinst du? → Wâs moinschd?
au	u	aufhören → uffherâ
Un-	o-	unwirsch → owirsch

endlich   Stuttgart   endlich

endlich   Stuttgart

Achtung mit „mir": Das schwäbische „mir" bedeutet eigentlich „wir", während das deutsche „mir" im Schwäbischen als „mer" ausgesprochen wird: „Mer isch kald." (Mir ist kalt). „Mir ganged" heißt also „Wir gehen weg".

Die Verneinung formuliert man im Schwäbischen mit „ned". Sagt der Schwabe „Des hebt ned", dann bedeutet das nicht „Das hält nett", sondern „Das hält nicht". Der Unterschied könnte sicherheitsrelevant sein!

§ 2 Grammatik

Die schwäbische Grammatik vereinfacht gerne. Gängige Relativpronomen (der, die und das) braucht man gar nicht, sondern ersetzt sie durch „wo". Das passt immer, so wie in „Der Kerl, wo so bled guggd" (Der Kerl, der so blöd guckt). Personalpronomen verschmelzen oft als kurze Endung mit dem Verb wie in „Wâs willschd?" (Was willst du?) oder „Wâs welledse?" (Was wollen sie?).

Der Genitiv existiert im Schwäbischen nicht und wird durch eine spezielle Konstruktion ersetzt, die etwas Übung verlangt, wie in „Dem Schuschder sei Frau" (Die Frau des Schusters), „Der Hond, wo dem Schuschder gherd" / „Dem Schuschder soi Hond" / „Der Hond vom Schuschder" (Der Hund des Schusters) oder „Dem Schuschder seire Frau ihr Hond" (Der Hund der Frau des Schusters).

Das Schwäbische kommt mit wenigen grammatikalischen Zeiten aus. Es gibt nur das Präsens und die abgeschlossene Vergangenheit, also „I ben" (Ich bin) und „I bin gwä" (Ich bin gewesen). Wo man im Hochdeutschen sagen würde „Ich war gestern auf dem Fest", heißt es im Schwäbischen „I bin geschdre uffm Feschd gwä". „Ich werde morgen auf dem Fest sein" heißt einfach „I ben morga uffm Feschd". Mit „morgen" ist ja schon gesagt, dass es sich um die Zukunft handelt!

§ 3 Lob und Höflichkeit

Die schwäbische Art des Lobens ist weltweit einmalig! Nicht-Schwaben irritiert gelegentlich das schweigende Essen des Schwabens und dann begehen sie den Fehler, nachzufragen, wie es schmecke. Ist das Essen perfekt, so entringt sich der Schwabe ein: „Mo kos essa." (Man kann es essen) oder „D'r Hunger treibt's nei!" (Der Hunger treibt es hinein). Die mürrische Anmutung bezieht sich jedoch nicht aufs Essen, sondern darauf, dass sein Genuss durch das Redenmüssen gestört wurde.

Überschwänglicheres Lob kann man nicht verlangen. Würde es nicht schmecken, hätte der Schwabe sich von selbst beklagt, z. B. mit den Worten „Des würd ned mal d' Katz fressa".

Dasselbe gilt auch für schwäbische Chefs, Vorgesetzte oder Professoren: „Ned gschompfa isch globd gnug" (Nicht gescholten ist genug gelobt). Wenn dein Chef deine Arbeit nicht kommentiert, war sie tadellos. Mit Kritik hält der Schwabe grundsätzlich nicht hinter dem Berg. Sagt der Chef: „Des isch gar ned so schlecht gwä!", bedeutet dies ein Lob.

Vokabeln für den Alltag

Uhrzeiten

Viertel eins	12.15 Uhr, Viertel nach zwölf
Dreiviertel eins	12.45 Uhr, Viertel vor eins

Essen und Trinken

Veschber	kleine Mahlzeit zum Abendessen oder Picknick, meist aus belegten Broten bestehend
Geggele	gebratenes Hähnchen
Lkw = Leberkäsweckle	ein mit Fleischkäse belegtes Brötchen
sießes Stiggle	süßes Teilchen
Bredle / Gudsle	Weihnachtsgebäck

Aufforderungen

Heb mol!	Halte das mal kurz (fest)!
Schugg des â!	Anschieben!
Gang fiersche!	Geh voran!
Geh mer ford damid!	Sprich nicht mehr darüber!
Mach äbbes!	Tu was!
Des mache mir hälinge.	Das machen wir heimlich.
Geb mer a Breggele.	Gib mir ein Stückchen ab.

Beschimpfungen (nur eine sehr kleine Auswahl ...)

Seggel	Idiot
Lällebäbbel	passiver Mensch, Versager
Bämull	Jammerlappen
Endeklämmer	Geizkragen
Bruddler	Nörgler
Glomb / Gruschd	krempel, insbes. nicht funktionierendes Gerät
Lättegeschwädz	dummes Gerede
Hald Gosch!	Halt den Mund!
Babbel ned so dabbed.	Rede kein Blech.

Vorsicht bei diesen Verben!

laufen	gehen
springen, wetzen, sauen	laufen
hopfen	springen
gehen	fortgehen
heben	halten
halten	anhalten
lupfen	heben

Deine Stuttgart-Notizen

Bildnachweis Titel:
Grafische Gestaltung: © rap verlag/www.gudrunbarthdesign.com
Foto: © Jürgen Effner/Fotolia.com

Bildnachweis Inhalt:
Die Bildrechte liegen beim Verlag. Abweichende Bildrechte:
S. 12-16, 18-19, 23-44, 117, 124, 125, 178, 180-182, 184, 194, 200 © rap verlag, Fotos: Andrea Herrmann; S. 17, 21 © Stuttgart-Marketing GmbH; S. 22 © Stuttgart-Marketing GmbH, Foto: Werner Dieterich; S. 46 © Staatliche Schlösser und Gärten Baden-Württemberg; S. 51 © rap verlag, Foto: Paul Dreßler; S. 56 © Verkehrs- und Tarifverbund Stuttgart GmbH; S. 59 o. © SSB AG; S. 59 u. © Neckar-Käpt'n; S. 64 © Erdi Biomarkt; S. 71 © Piccadilly; S. 72 © Souk Arabica; S. 73 © adisa/Fotolia.com; S. 75 © thomasklee/Fotolia.com; S. 78 © Emma von Bergenspitz; S. 79 © Hans im Glück Burgergrill; S. 80 © Running Mhhh; S. 83 © Rolf Hekeler; S. 85 © Cavos Taverna; S. 88 © Coox & Candy; S. 90, 101 © Kap Tormentoso; S. 91 © Cube; S. 95 © Bittersüß; S. 97 © Fleck & Schneck; S. 99 o. © Dinkelacker-Schwaben Bräu; S. 99 u. © Sophie's Brauhaus; S. 100 © Erika Martins; S. 105 © Weinhandlung Kreis, Foto: Zooey Braun; S. 107 © Skybeach; S. 111 © Eiscafé Pinguin; S. 112, 113 © Bäderbetriebe Stuttgart; S. 116 © asafeliason/Fotolia.com; S. 119 © Waldklettergarten Zuffenhausen; S. 121 © Die Zugvögel Kanutours; S. 122 © rap verlag, Foto: Anna Maxine von Grumbkow; S. 126 © Raphael Rohe – Pixelio; S. 129 © Besen 66; S. 132, 135, 136 © Bäderbetriebe Stuttgart; S. 134 © Fildorado, Foto: Peter Steinheißer; S. 139 o. © Hall of Soccer; S. 139 u. © DAV-Kletterzentrum Stuttgart; S. 140 © Climbmax Kletterwelt; S. 144 © Stuttgart-Marketing GmbH, Foto Wilhelm Mierendorf; S. 149 © Climax Institutes, Foto: Gordon Koelmel; S. 151 o. © Kellerclub; S. 151 u. © Kowalski; S. 153 © ProTon; S. 155 © Club Zollamt; S. 160 © Verkehrs- und Tarifverbund Stuttgart GmbH; S. 166 o. © Amadeus; S. 166 u. © Coox & Candy; S. 167 © Lichtblick; S. 168 © Pier 51; S. 171 © Wilhelma; S. 172 © Esslinger Stadtmarketing & Tourismus GmbH; S. 173 © Blühendes Barock; S. 175 © Maulwurf; S. 179 © Stadtbibliothek Stuttgart, Foto: martinlorenz.net; S. 183 © Stuttgart-Marketing GmbH; S. 185 © Stuttgart-Marketing GmbH, Foto Thomas Niedermüller; S. 191 © Kinothek Obertürkheim; S. 193 © uni-film e.V. Stuttgart; S. 195 o. © Jürgen Frahm; S. 195 u. © Sabine Layh; S. 196 © Theaterschiff Stuttgart; S. 199 o. © Theater unter den Kuppeln; S. 199 u. © Studio Theater, Foto: Wolfgang Kämmer; S. 201 © Strotmanns; S. 203 o., 230 © Staatliche Schlösser und Gärten Baden-Württemberg; S. 203 u. © Freunde der Weissenhofsiedlung e.V.; S. 204 l. © Mercedes-Benz-Museum; S. 204 r. © Porsche AG; S. 205 o. © Haus der Geschichte Baden-Württemberg, Foto: Franziska Kaufmann; S. 205 u. © Landesmuseum Württemberg, Foto: Hendrik Zwietasch; S. 206 © Linden-Museum Stuttgart, Foto: A. Dreyer; S. 207 © Schweinemuseum; S. 208 o. © Jürgen Daur (SHB); S. 208 u. © Planetarium Stuttgart; S. 211, 225 © Kultur- und Kongresszentrum Liederhalle; S. 212 © Kellerklub; S. 213 © Bix Jazzclub, Foto: Peter Steinheißer; S. 214 o. © Akademie für gesprochenes Wort; S. 214 u. © Stadtbibliothek Stuttgart, Foto: martinlorenz.net; S. 219 o. © Heslacher Hocketse; S. 219 u. © Cannstatter Volksfest, Fotos: Thomas Niedermüller; S. 227 © VfB Stuttgart 1893 e.V. - Abt. Leichtathletik; S. 228 l. © Projekt Verlag, Foto: Schönebaum; S. 228 r. © Hip Hop Open, Foto: Nobbe K; S. 229 o. © OpusGmbH, Foto: Reiner Pfisterer; S. 229 u. © Umsonst & Draußen Stuttgart; S. 231 © Tobias Trumpp; S. 232 © Lars F. Menzel; S. 236 © Stuttgart-Marketing GmbH, Foto: Thomas Niedermüller; S. 237, 241 © Stuttgart-Marketing GmbH; S 238 © digitalstock/Fotolia.com; S. 244 © 2010 List Verlag in der Ullstein Buchverlage GmbH, Berlin; S. 245 o. © btb Taschenbuch; S. 245 u. Umschlaggestaltung © Martin Grundmann unter Verwendung einer Skulptur von Wolfgang Thiel; S. 246 o. © Kiepenheuer & Witsch; S. 246 u., 247 u. © Piper Verlag; S. 247 o. © Droemer Knaur; S. 249 o. © Studio Hamburg Enterprises; S. 249 u. SWR/Stephanie Schweigert; S. 263 Faltplan: Daten von openstreetmap.org © OpenStreetMap-Mitwirkende, Veröffentlicht unter Open Database Licence (ODbL) 1.0

Der Verlag bedankt sich bei allen Institutionen und Firmen, die uns Informationen und Fotos zur Verfügung gestellt haben. Die entsprechenden Rechte verbleiben bei den jeweiligen Rechteinhabern.

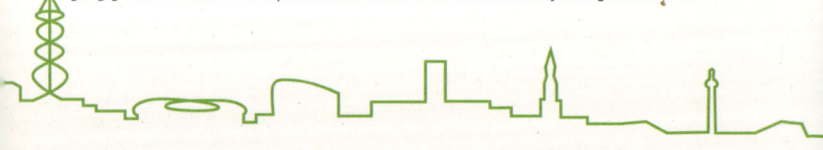

EINE STADT IST NICHT GENUG!

   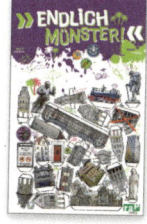

Im Buchhandel oder unter www.rap-verlag.de

endlich Stuttgart endlich

endlich Stuttgart

Dein Stuttgart-Faltplan zum Herausnehmen

Plan fehlt? Einfach downloaden unter:
www.rap-verlag.de/stuttgartplan